OEUVRES
COMPLÈTES
DE MOLIÈRE,

REVUES AVEC SOIN

SUR LES DIFFÉRENTES ÉDITIONS;

PRÉCÉDÉES D'UNE NOUVELLE VIE DE MOLIÈRE, ET D'UN TABLEAU
CHRONOLOGIQUE ET HISTORIQUE DE SES PIÈCES;

Par P. R. AUGUIS.

TOME SEPTIÈME.

PARIS,
FROMENT, QUAI DES AUGUSTINS, N° 17.

1823.

Y5520.
Cbga.7.

COLLECTION

DES

CLASSIQUES FRANÇAIS.

SE TROUVE AUSSI

Chez
{ AIMÉ ANDRÉ, quai des Augustins, n° 59.
PARMANTIER, rue Dauphine, n°. 14.
BERQUET, rue de l'École de Médecine, n° 4.

DE L'IMPRIMERIE DE FIRMIN DIDOT, RUE JACOB, N° 24.

OEUVRES
COMPLÈTES
DE MOLIÈRE,

REVUES AVEC SOIN

SUR LES DIFFÉRENTES ÉDITIONS;

PRÉCÉDÉES D'UNE NOTICE BIOGRAPHIQUE SUR MOLIÈRE, ET D'UN
TABLEAU CHRONOLOGIQUE ET HISTORIQUE DE SES PIÈCES;

Par P. R. Auguis.

TOME SEPTIÈME.

PARIS,

FROMENT, QUAI DES AUGUSTINS, N° 11.

MDCCCXXIII.

LES FOURBERIES
DE SCAPIN,

COMÉDIE

EN TROIS ACTES ET EN PROSE,

Représentée à Paris, sur le théâtre du Palais-Royal, le 24 mai 1671.

PERSONNAGES.

ARGANTE, père d'Octave et de Zerbinette.
GÉRONTE, père de Léandre et d'Hyacinthe.
OCTAVE, fils d'Argante, et amant d'Hyacinthe.
LÉANDRE, fils de Géronte, et amant de Zerbinette.
ZERBINETTE, crue Égyptienne, et reconnue fille d'Argante, amante de Léandre.
HYACINTHE, fille de Géronte, et amante d'Octave.
SCAPIN, valet de Léandre.
SILVESTRE, valet d'Octave.
NÉRINE, nourrice d'Hyacinthe.
CARLE, ami de Scapin.
DEUX PORTEURS.

La scène est à Naples.

LES FOURBERIES DE SCAPIN.

ACTE PREMIER.

SCÈNE I.

OCTAVE, SILVESTRE.

OCTAVE.

Ah! fâcheuses nouvelles pour un cœur amoureux! Dures extrémités où je me vois réduit! Tu viens, Silvestre, d'apprendre au port que mon père revient?

SILVESTRE.

Oui.

OCTAVE.

Qu'il arrive ce matin même?

SILVESTRE.

Ce matin même.

OCTAVE.

Et qu'il revient dans la résolution de me marier?

SILVESTRE.

Oui.

OCTAVE.

Avec une fille du seigneur Géronte?

SILVESTRE.

Du seigneur Géronte.

OCTAVE.

Et que cette fille est mandée de Tarente ici pour cela?

SILVESTRE.

Oui.

OCTAVE.

Et tu tiens ces nouvelles de mon oncle?

SILVESTRE.

De votre oncle.

OCTAVE.

A qui mon père les a mandées par une lettre?

SILVESTRE.

Par une lettre.

OCTAVE.

Et cet oncle, dis-tu, sait toutes nos affaires?

SILVESTRE.

Toutes nos affaires.

OCTAVE.

Ah! parle si tu veux, et ne te fais point, de la sorte, arracher les mots de la bouche.

SILVESTRE.

Qu'ai-je à parler davantage? Vous n'oubliez aucune circonstance; et vous dites les choses tout justement comme elles sont.

OCTAVE.

Conseille-moi du moins, et me dis ce que je dois faire dans ces cruelles conjonctures.

SILVESTRE.

Ma foi, je m'y trouve autant embarrassé que vous; et j'aurois bon besoin que l'on me conseillât moi-même.

OCTAVE.

Je suis assassiné par ce maudit retour.

SILVESTRE.

Je ne le suis pas moins.

OCTAVE.

Lorsque mon père apprendra les choses, je vais voir fondre sur moi un orage soudain d'impétueuses réprimandes.

SILVESTRE.

Les réprimandes ne sont rien; et plût au ciel que j'en fusse quitte à ce prix! Mais j'ai bien la mine, pour moi, de payer plus cher vos folies; et je vois se former de loin un nuage de coups de bâton qui crèvera sur mes épaules.

OCTAVE.

O ciel! par où sortir de l'embarras où je me trouve?

SILVESTRE.

C'est à quoi vous deviez songer avant que de vous y jeter.

OCTAVE.

Ah! tu me fais mourir par tes leçons hors de saison.

SILVESTRE.

Vous me faites bien plus mourir par vos actions étourdies.

OCTAVE.

Que dois-je faire? Quelle résolution prendre? A quel remède recourir?

SCÈNE II.

OCTAVE, SCAPIN, SILVESTRE.

SCAPIN.

Qu'est-ce, seigneur Octave? Qu'avez-vous? Qu'y a-t-il? Quel désordre est-ce là? je vous vois tout troublé.

OCTAVE.

Ah! mon pauvre Scapin, je suis perdu, je suis désespéré, je suis le plus infortuné de tous les hommes.

SCAPIN.

Comment?

OCTAVE.

N'as-tu rien appris de ce qui me regarde?

SCAPIN.

Non.

OCTAVE.

Mon père arrive avec le seigneur Géronte; et ils me veulent marier.

SCAPIN.

Hé bien! qu'y a-t-il là de si funeste?

OCTAVE.

Hélas! tu ne sais pas la cause de mon inquiétude?

SCAPIN.

Non, mais il ne tiendra qu'à vous que je ne la sache bientôt; et je suis homme consolatif, homme à m'intéresser aux affaires des jeunes gens.

OCTAVE.

Ah! Scapin, si tu pouvois trouver quelque invention,

forger quelque machine, pour me tirer de la peine où je suis, je croirois t'être redevable de plus que de la vie.

SCAPIN.

A vous dire la vérité, il y a peu de choses qui me soient impossibles, quand je m'en veux mêler. J'ai sans doute reçu du ciel un génie assez beau pour toutes les fabriques de ces gentillesses d'esprit, de ces galanteries ingénieuses, à qui le vulgaire ignorant donne le nom de fourberies; et je puis dire, sans vanité, qu'on n'a guère vu d'homme qui fût plus habile ouvrier de ressorts et d'intrigues, qui ait acquis plus de gloire que moi dans ce noble métier. Mais, ma foi, le mérite est trop maltraité aujourd'hui, et j'ai renoncé à toutes choses, depuis certain chagrin d'une affaire qui m'arriva.

OCTAVE.

Comment? quelle affaire, Scapin?

SCAPIN.

Une aventure où je me brouillai avec la justice.

OCTAVE.

La justice?

SCAPIN.

Oui; nous eûmes un petit démêlé ensemble.

SILVESTRE.

Toi et la justice?

SCAPIN.

Oui; elle en usa fort mal avec moi; et je me dépitai de telle sorte contre l'ingratitude du siècle, que je résolus de ne plus rien faire. Baste! ne laissez pas de me conter votre aventure.

OCTAVE.

Tu sais, Scapin, qu'il y a deux mois que le seigneur

Géronte et mon père s'embarquèrent ensemble pour un voyage qui regarde certain commerce où leurs intérêts sont mêlés.

SCAPIN.

Je sais cela.

OCTAVE.

Et que Léandre et moi nous fûmes laissés par nos pères, moi, sous la conduite de Silvestre, et Léandre, sous ta direction.

SCAPIN.

Oui; je me suis fort bien acquitté de ma charge.

OCTAVE.

Quelque temps après, Léandre fit rencontre d'une jeune Égyptienne, dont il devint amoureux.

SCAPIN.

Je sais cela encore.

OCTAVE.

Comme nous sommes grands amis, il me fit aussitôt confidence de son amour, et me mena voir cette fille, que je trouvai belle, à la vérité, mais non pas tant qu'il vouloit que je la trouvasse. Il ne m'entretenoit que d'elle chaque jour, m'exagéroit à tous moments sa beauté et sa grace, et me louoit son esprit, et me parloit avec transport des charmes de son entretien, dont il me rapportoit jusqu'aux moindres paroles, qu'il s'efforçoit toujours de me faire trouver les plus spirituelles du monde. Il me querelloit quelquefois de n'être pas assez sensible aux choses qu'il me venoit dire, et me blâmoit sans cesse de l'indifférence où j'étois pour les feux de l'amour.

SCAPIN.

Je ne vois pas encore où ceci veut aller.

OCTAVE.

Un jour que je l'accompagnois pour aller chez les gens qui gardent l'objet de ses vœux, nous entendîmes, dans une petite maison d'une rue écartée, quelques plaintes mêlées de beaucoup de sanglots. Nous demandons ce que c'est : une femme nous dit en soupirant que nous pouvions voir là quelque chose de pitoyable en des personnes étrangères, et qu'à moins que d'être insensibles, nous en serions touchés.

SCAPIN.

Où est-ce que cela nous mène?

OCTAVE.

La curiosité me fit presser Léandre de voir ce que c'étoit. Nous entrons dans une salle, où nous voyons une vieille femme mourante, assistée d'une servante qui faisoit des regrets, et d'une jeune fille toute fondante en larmes, la plus belle et la plus touchante qu'on puisse jamais voir.

SCAPIN.

Ah! ah!

OCTAVE.

Une autre auroit paru effroyable en l'état où elle étoit; car elle n'avoit pour habillement qu'une méchante petite jupe, avec des brassières de nuit qui étoient de simple futaine; et sa coiffure étoit une cornette jaune, retroussée au haut de sa tête, qui laissoit tomber en désordre ses cheveux sur ses épaules : et cependant, faite comme cela, elle brilloit de mille attraits, et ce n'étoit qu'agréments et que charmes que toute sa personne.

SCAPIN.

Je sens venir les choses.

OCTAVE.

Si tu l'avois vue, Scapin, en l'état que je dis, tu l'aurois trouvée admirable.

SCAPIN.

Oh! je n'en doute point; et, sans l'avoir vue, je vois bien qu'elle étoit tout-à-fait charmante.

OCTAVE.

Ses larmes n'étoient point de ces larmes désagréables qui défigurent un visage; elle avoit à pleurer une grace touchante, et sa douleur étoit la plus belle du monde.

SCAPIN.

Je vois tout cela.

OCTAVE.

Elle faisoit fondre chacun en larmes, en se jetant amoureusement sur le corps de cette mourante, qu'elle appeloit sa chère mère; et il n'y avoit personne qui n'eût l'ame percée de voir un si bon naturel.

SCAPIN.

En effet, cela est touchant; et je vois bien que ce bon naturel-là vous la fit aimer.

OCTAVE.

Ah! Scapin, un barbare l'auroit aimée!

SCAPIN.

Assurément. Le moyen de s'en empêcher!

OCTAVE.

Après quelques paroles dont je tâchai d'adoucir la douleur de cette charmante affligée, nous sortîmes de là; et demandant à Léandre ce qu'il lui sembloit de cette personne, il me répondit froidement qu'il la trouvoit assez jolie. Je fus piqué de la froideur avec laquelle il m'en parloit, et je ne voulus point lui découvrir l'effet que ses beautés avoient fait sur mon ame.

SILVESTRE, à Octave.

Si vous n'abrégez ce récit, nous en voilà pour jusqu'à demain. Laissez-le-moi finir en deux mots. (A Scapin.) Son cœur prend feu dès ce moment; il ne sauroit plus vivre qu'il n'aille consoler son aimable affligée. Ses fréquentes visites sont rejetées de la servante, devenue la gouvernante par le trépas de la mère. Voilà mon homme au désespoir. Il presse, supplie, conjure; point d'affaire. On lui dit que la fille, quoique sans bien et sans appui, est de famille honnête, et qu'à moins que de l'épouser, on ne peut souffrir ses poursuites. Voilà son amour augmenté par les difficultés. Il consulte dans sa tête, agite, raisonne, balance; prend sa résolution; le voilà marié avec elle depuis trois jours.

SCAPIN.

J'entends.

SILVESTRE.

Maintenant, mets avec cela le retour imprévu du père, qu'on n'attendoit que dans deux mois, la découverte que l'oncle a faite du secret de notre mariage, et l'autre mariage qu'on veut faire de lui avec la fille que le seigneur Géronte a eue d'une seconde femme qu'on dit qu'il a épousée à Tarente.

OCTAVE.

Et, par-dessus tout cela, mets encore l'indigence où se trouve cette aimable personne, et l'impuissance où je me vois d'avoir de quoi la secourir.

SCAPIN.

Est-ce là tout? Vous voilà bien embarrassés tous deux pour une bagatelle! C'est bien là de quoi se tant alarmer! n'as-tu point de honte, toi, de demeurer court à si peu de chose? Que diable! te voilà grand et gros comme père et mère, et tu ne saurois trouver dans ta tête, forger dans ton esprit, quelque ruse galante, quelque honnête petit stratagème, pour ajuster vos affaires! Fi! peste soit du butor! Je voudrois bien que l'on m'eût donné autrefois nos vieillards à duper, je les aurois joués tout deux par-dessous la jambe; et je n'étois pas plus grand que cela, que je me signalois déjà par cent tours d'adresse jolis.

SILVESTRE.

J'avoue que le ciel ne m'a pas donné tes talents, et que je n'ai pas l'esprit, comme toi, de me brouiller avec la justice.

OCTAVE.

Voici mon aimable Hyacinthe.

SCÈNE III.

HYACINTHE, OCTAVE, SCAPIN, SILVESTRE.

HYACINTHE.

Ah! Octave, est-il vrai ce que Silvestre vient de dire à Nérine, que votre père est de retour, et qu'il veut vous marier?

OCTAVE.

Oui, belle Hyacinthe; et ces nouvelles m'ont donné

une atteinte cruelle. Mais que vois-je? vous pleurez! Pourquoi ces larmes? me soupçonnez-vous, dites-moi, de quelque infidélité? et n'êtes-vous pas assurée de l'amour qué j'ai pour vous?

HYACINTHE.

Oui, Octave, je suis sûre que vous m'aimez, mais je ne le suis pas que vous m'aimiez toujours.

OCTAVE.

Hé! peut-on vous aimer qu'on ne vous aime toute sa vie?

HYACINTHE.

J'ai ouï dire, Octave, que votre sexe aime moins long-temps que le nôtre, et que les ardeurs que les hommes font voir sont des feux qui s'éteignent aussi facilement qu'ils naissent.

OCTAVE.

Ah! ma chère Hyacinthe, mon cœur n'est donc pas fait comme celui des autres hommes; et je sens bien, pour moi, que je vous aimerai jusqu'au tombeau.

HYACINTHE.

Je veux croire que vous sentez ce que vous dites, et je ne doute point que vos paroles ne soient sincères; mais je crains un pouvoir qui combattra dans votre cœur les tendres sentiments que vous pouvez avoir pour moi. Vous dépendez d'un père qui veut vous marier à une autre personne; et je suis sûre que je mourrai si ce malheur m'arrive.

OCTAVE.

Non, belle Hyacinthe, il n'y a point de père qui puisse me contraindre à vous manquer de foi; et je me résoudrai à quitter mon pays et le jour même, s'il est besoin, plutôt qu'à vous quitter. J'ai déja pris, sans l'avoir vue, une aversion effroyable pour celle que l'on me destine; et, sans être cruel, je souhaiterois que la mer l'écartât d'ici pour jamais. Ne pleurez donc point, je vous prie, mon aimable Hyacinthe; car vos larmes me tuent, et je ne les puis voir sans me sentir percer le cœur.

HYACINTHE.

Puisque vous le voulez, je veux bien essuyer mes pleurs; et j'attendrai, d'un œil constant, ce qu'il plaira au ciel de résoudre de moi.

OCTAVE.

Le ciel nous sera favorable.

HYACINTHE.

Il ne sauroit m'être contraire, si vous m'êtes fidèle.

OCTAVE.

Je le serai assurément.

HYACINTHE.

Je serai donc heureuse.

SCAPIN, à part.

Elle n'est point tant sotte, ma foi; et je la trouve assez passable.

OCTAVE, montrant Scapin.

Voici un homme qui pourroit bien, s'il le vouloit, nous être, dans tous nos besoins, d'un secours merveilleux.

SCAPIN.

J'ai fait de grands serments de ne me mêler plus du monde; mais si vous m'en priez bien fort tous deux, peut-être....

OCTAVE.

Ah! s'il ne tient qu'à te prier bien fort pour obtenir ton aide, je te conjure de tout mon cœur de prendre la conduite de notre barque.

SCAPIN, à Hyacinthe.

Et vous, ne dites-vous rien?

HYACINTHE.

Je vous conjure, à son exemple, par tout ce qui vous est le plus cher au monde, de vouloir servir notre amour.

SCAPIN.

Il faut se laisser vaincre, et avoir de l'humanité. Allez, je veux m'employer pour vous.

OCTAVE.

Crois que...

SCAPIN, à Octave.

Chut. (A Hyacinthe.) Allez-vous-en, vous; et soyez en repos.

SCÈNE IV.

OCTAVE, SCAPIN, SILVESTRE.

SCAPIN, à Octave.

Et vous, préparez-vous à soutenir avec fermeté l'abord de votre père.

OCTAVE.

Je t'avoue que cet abord me fait trembler par avance, et j'ai une timidité naturelle que je ne saurois vaincre.

SCAPIN.

Il faut pourtant paroître ferme au premier choc, de peur

que, sur votre foiblesse, il ne prenne le pied de vous mener comme un enfant. Là, tâchez de vous composer par étude. Un peu de hardiesse; et songez à répondre résolument sur tout ce qu'il pourra vous dire.

OCTAVE.

Je ferai du mieux que je pourrai.

SCAPIN.

Çà, essayons un peu, pour vous accoutumer. Répétons un peu votre rôle, et voyons si vous ferez bien. Allons, la mine résolue, la tête haute, les regards assurés.

OCTAVE.

Comme cela?

SCAPIN.

Encore un peu davantage.

OCTAVE.

Ainsi?

SCAPIN.

Bon. Imaginez-vous que je suis votre père qui arrive, et répondez-moi fermement, comme si c'étoit à lui-même... Comment, pendard, vaurien, infame, fils indigne d'un père comme moi, oses-tu bien paroître devant mes yeux après tes bons déportements, après le lâche tour que tu m'as joué pendant mon absence? Est-ce là le fruit de mes soins, maraud, est-ce là le fruit de mes soins? le respect qui m'est dû, le respect que tu me conserves? (Allons donc.) Tu as l'insolence, fripon, de t'engager sans le consentement de ton père! de contracter un mariage clandestin! réponds-moi, coquin, réponds-moi. Voyons un peu tes belles raisons... Oh! que diable! vous demeurez interdit.

OCTAVE.

C'est que je m'imagine que c'est mon père que j'entends.

SCAPIN.

Hé, oui. C'est par cette raison qu'il ne faut pas être comme un innocent.

OCTAVE.

Je m'en vais prendre plus de résolution, et je répondrai fermement.

SCAPIN.

Assurément?

OCTAVE.

Assurément.

SILVESTRE.

Voilà votre père qui vient.

OCTAVE.

O ciel! je suis perdu.

SCÈNE V.

SCAPIN, SILVESTRE.

SCAPIN.

Holà, Octave. Demeurez, Octave. Le voilà enfui! Quelle pauvre espèce d'homme! Ne laissons pas d'attendre le vieillard.

SILVESTRE.

Que lui dirai-je?

SCAPIN.

Laisse-moi dire, moi; et ne fais que me suivre.

SCÈNE VI.

ARGANTE; SCAPIN et SILVESTRE, dans le fond du théâtre.

ARGANTE, se croyant seul.

A-t-on jamais ouï parler d'une action pareille à celle-là ?

SCAPIN, à Silvestre.

Il a déjà appris l'affaire ; et elle lui tient si fort en tête, que, tout seul, il en parle haut.

ARGANTE, se croyant seul.

Voilà une témérité bien grande !

SCAPIN, à Silvestre.

Écoutons-le un peu.

ARGANTE, se croyant seul.

Je voudrois bien savoir ce qu'ils me pourront dire sur ce beau mariage.

SCAPIN, à part.

Nous y avons songé.

ARGANTE, se croyant seul.

Tâcheront-ils de me nier la chose ?

SCAPIN, à part.

Non, nous n'y pensons pas.

ARGANTE, se croyant seul.

Ou s'ils entreprendront de l'excuser ?

SCAPIN, à part.

Celui-là se pourra faire.

ARGANTE, se croyant seul.

Prétendront-ils m'amuser par des contes en l'air ?

ACTE I, SCÈNE VI.

SCAPIN, à part.

Peut-être.

ARGANTE, se croyant seul.

Tous leurs discours seront inutiles.

SCAPIN, à part.

Nous allons voir.

ARGANTE, se croyant seul.

Ils ne m'en donneront point à garder.

SCAPIN, à part.

Ne jurons de rien.

ARGANTE, se croyant seul.

Je saurai mettre mon pendard de fils en lieu de sûreté.

SCAPIN, à part.

Nous y pourvoirons.

ARGANTE, se croyant seul.

Et pour le coquin de Silvestre, je le rouerai de coups.

SILVESTRE, à part.

J'étois bien étonné s'il m'oublioit.

ARGANTE, apercevant Silvestre.

Ah! ah! vous voilà donc, sage gouverneur de famille, beau directeur de jeunes gens!

SCAPIN.

Monsieur, je suis ravi de vous voir de retour.

ARGANTE.

Bonjour, Scapin. (A Silvestre.) Vous avez suivi mes ordres, vraiment, d'une belle manière! et mon fils s'est comporté fort sagement pendant mon absence!

SCAPIN.

Vous vous portez bien, à ce que je vois.

ARGANTE.

Assez bien. (A Silvestre.) Tu ne dis mot, coquin, tu ne dis mot !

SCAPIN.

Votre voyage a-t-il été bon ?

ARGANTE.

Mon dieu ! fort bon. Laisse-moi un peu quereller en repos.

SCAPIN.

Vous voulez quereller ?

ARGANTE.

Oui, je veux quereller.

SCAPIN.

Et qui, monsieur ?

ARGANTE, montrant Silvestre.

Ce maraud-là.

SCAPIN.

Pourquoi ?

ARGANTE.

Tu n'as pas ouï parler de ce qui s'est passé dans mon absence ?

SCAPIN.

J'ai bien ouï parler de quelque petite chose.

ARGANTE.

Comment ! quelque petite chose ! une action de cette nature !

SCAPIN.

Vous avez quelque raison.

ARGANTE.

Une hardiesse pareille à celle-là !

SCAPIN.

Cela est vrai.

ARGANTE.

Un fils qui se marie sans le consentement de son père!

SCAPIN.

Oui, il y a quelque chose à dire à cela. Mais je serois d'avis que vous ne fissiez point de bruit.

ARGANTE.

Je ne suis pas de cet avis, moi; et je veux faire du bruit tout mon soûl. Quoi! tu ne trouves pas que j'aie tous les sujets du monde d'être en colère?

SCAPIN.

Si fait. J'y ai d'abord été, moi, lorsque j'ai su la chose; et je me suis intéressé pour vous, jusqu'à quereller votre fils. Demandez-lui un peu quelles belles réprimandes je lui ai faites, et comme je l'ai chapitré sur le peu de respect qu'il gardoit à un père dont il devoit baiser les pas. On ne peut pas lui mieux parler, quand ce seroit vous-même. Mais quoi! je me suis rendu à la raison, et j'ai considéré que, dans le fond, il n'a pas tant de tort qu'on pourroit croire.

ARGANTE.

Que me viens-tu conter? Il n'a pas tant de tort de s'aller marier de but en blanc avec une inconnue?

SCAPIN.

Que voulez-vous? il y a été poussé par sa destinée.

ARGANTE.

Ah! ah! voici une raison la plus belle du monde. On n'a plus qu'à commettre tous les crimes imaginables, tromper, voler, assassiner, et dire pour excuse qu'on y a été poussé par sa destinée.

SCAPIN.

Mon dieu ! vous prenez mes paroles trop en philosophe. Je veux dire qu'il s'est trouvé fatalement engagé dans cette affaire.

ARGANTE.

Et pourquoi s'y engageoit-il ?

SCAPIN.

Voulez-vous qu'il soit aussi sage que vous ? Les jeunes gens sont jeunes, et n'ont pas toute la prudence qu'il leur faudroit pour ne rien faire que de raisonnable : témoin notre Léandre, qui, malgré toutes mes leçons, malgré toutes mes remontrances, est allé faire de son côté pis encore que votre fils. Je voudrois bien savoir si vous-même n'avez pas été jeune, et n'avez pas dans votre temps fait des fredaines comme les autres. J'ai ouï dire, moi, que vous avez été autrefois un bon compagnon parmi les femmes, que vous faisiez de votre drôle avec les plus galantes de ce temps-là, et que vous n'en approchiez point que vous ne poussassiez à bout.

ARGANTE.

Cela est vrai, j'en demeure d'accord ; mais je m'en suis toujours tenu à la galanterie, et je n'ai point été jusqu'à faire ce qu'il a fait.

SCAPIN.

Que vouliez-vous qu'il fît ? Il voit une jeune personne qui lui veut du bien (car il tient cela de vous d'être aimé de toutes les femmes) ; il la trouve charmante, il lui rend des visites, lui conte des douceurs, soupire galamment, fait le passionné. Elle se rend à sa poursuite. Il pousse sa fortune. Le voilà surpris avec elle par ses parents, qui, la force à la main, le contraignent de l'épouser.

SILVESTRE, à part.

L'habile fourbe que voilà!

SCAPIN.

Eussiez-vous voulu qu'il se fût laissé tuer? Il vaut mieux encore être marié qu'être mort.

ARGANTE.

On ne m'a pas dit que l'affaire se soit ainsi passée.

SCAPIN, montrant Silvestre.

Demandez-lui plutôt; il ne vous dira pas le contraire.

ARGANTE, à Silvestre.

C'est par force qu'il a été marié?

SILVESTRE.

Oui, monsieur.

SCAPIN.

Voudrois-je vous mentir?

ARGANTE.

Il devoit donc aller tout aussitôt protester de violence chez un notaire.

SCAPIN.

C'est ce qu'il n'a pas voulu faire.

ARGANTE.

Cela m'auroit donné plus de facilité à rompre ce mariage.

SCAPIN.

Rompre ce mariage?

ARGANTE.

Oui.

SCAPIN.

Vous ne le romprez point.

ARGANTE.

Je ne le romprai point?

SCAPIN.

Non.

ARGANTE.

Quoi! je n'aurai pas pour moi les droits de père, et la raison de la violence qu'on a faite à mon fils?

SCAPIN.

C'est une chose dont il ne demeurera pas d'accord.

ARGANTE.

Il n'en demeurera pas d'accord?

SCAPIN.

Non.

ARGANTE.

Mon fils?

SCAPIN.

Votre fils. Voulez-vous qu'il confesse qu'il ait été capable de crainte, et que ce soit par force qu'on lui ait fait faire les choses? Il n'a garde d'aller avouer cela : ce seroit se faire tort, et se montrer indigne d'un père comme vous.

ARGANTE.

Je me moque de cela.

SCAPIN.

Il faut, pour son honneur et pour le vôtre, qu'il dise dans le monde que c'est de bon gré qu'il l'a épousée.

ARGANTE.

Et je veux, moi, pour mon honneur et pour le sien, qu'il dise le contraire.

ACTE I, SCÈNE VI.

SCAPIN.

Non, je suis sûr qu'il ne le fera pas.

ARGANTE.

Je l'y forcerai bien.

SCAPIN.

Il ne le fera pas, vous dis-je.

ARGANTE.

Il le fera, ou je le déshériterai.

SCAPIN.

Vous ?

ARGANTE.

Moi.

SCAPIN.

Bon !

ARGANTE.

Comment, bon ?

SCAPIN.

Vous ne le déshériterez point.

ARGANTE.

Je ne le déshériterai point ?

SCAPIN.

Non.

ARGANTE.

Non ?

SCAPIN.

Non

ARGANTE

Ouais ! voici qui est plaisant. Je ne déshériterai point mon fils ?

SCAPIN.

Non, vous dis-je.

ARGANTE.

Qui m'en empêchera?

SCAPIN.

Vous-même.

ARGANTE.

Moi?

SCAPIN.

Oui; vous n'aurez pas ce cœur-là.

ARGANTE.

Je l'aurai.

SCAPIN.

Vous vous moquez.

ARGANTE.

Je ne me moque point.

SCAPIN.

La tendresse paternelle fera son office.

ARGANTE.

Elle ne fera rien.

SCAPIN.

Oui, oui.

ARGANTE.

Je vous dis que cela sera.

SCAPIN.

Bagatelles.

ARGANTE.

Il ne faut point dire, bagatelles.

SCAPIN.

Mon dieu! je vous connois, vous êtes bon naturellement.

ARGANTE.

Je ne suis point bon, et je suis méchant quand je veux.
Finissons ce discours qui m'échauffe la bile. (A Silvestre.)
Va-t'en, pendard, va-t'en me chercher mon fripon,
tandis que j'irai rejoindre le seigneur Géronte pour lui
conter ma disgrace.

SCAPIN.

Monsieur, si je vous puis être utile en quelque chose,
vous n'avez qu'à me commander.

ARGANTE.

Je vous remercie. (A part.) Ah! pourquoi faut-il qu'il
soit fils unique! et que n'ai-je à cette heure la fille que
le ciel m'a ôtée, pour la faire mon héritière!

SCÈNE VII.

SCAPIN, SILVESTRE.

SILVESTRE.

J'avoue que tu es un grand homme, et voilà l'affaire
en bon train : mais l'argent d'autre part nous presse pour
notre subsistance; et nous avons de tous côtés des gens
qui aboient après nous.

SCAPIN.

Laisse-moi faire, la machine est trouvée. Je cherche
seulement dans ma tête un homme qui nous soit affidé,
pour jouer un personnage dont j'ai besoin... Attends;
Tiens-toi un peu, enfonce ton bonnet en méchant garçon,
campe-toi sur un pied, mets la main au côté, fais les
yeux furibonds, marche un peu en roi de théâtre... Voilà

qui est bien, suis-moi. J'ai des secrets pour déguiser ton visage et ta voix.

####### SILVESTRE.

Je te conjure au moins de ne m'aller point brouiller avec la justice.

####### SCAPIN.

Va, va nous partagerons les périls en frères; et trois ans de galère de plus ou de moins ne sont pas pour arrêter un noble cœur.

FIN DU PREMIER ACTE.

ACTE SECOND.

SCENE I.

GÉRONTE, ARGANTE.

GÉRONTE.

Oui, sans doute, par le temps qu'il fait, nous aurons ici nos gens aujourd'hui; et un matelot qui vient de Tarente m'a assuré qu'il avoit vu mon homme qui étoit près de s'embarquer. Mais l'arrivée de ma fille trouvera les choses mal disposées à ce que nous nous proposions; et ce que vous venez de m'apprendre de votre fils rompt étrangement les mesures que nous avions prises ensemble.

ARGANTE.

Ne vous mettez pas en peine, je vous réponds de renverser tout cet obstacle, et j'y vais travailler de ce pas.

GÉRONTE.

Ma foi, seigneur Argante, voulez-vous que je vous dise? l'éducation des enfants est une chose à quoi il faut s'attacher fortement.

ARGANTE.

Sans doute. A quel propos cela?

GÉRONTE.

A propos de ce que les mauvais déportements des

jeunes gens viennent le plus souvent de la mauvaise éducation que leurs pères leur donnent.

ARGANTE.

Cela arrive parfois. Mais que voulez-vous dire par-là?

GÉRONTE.

Ce que je veux dire par-là?

ARGANTE.

Oui.

GÉRONTE.

Que si vous aviez, en brave père, bien morigéné votre fils, il ne vous auroit pas joué le tour qu'il vous a fait.

ARGANTE.

Fort bien. De sorte donc que vous aviez bien mieux morigéné le vôtre?

GÉRONTE.

Sans doute; et je serois bien fâché qu'il m'eût rien fait approchant de cela.

ARGANTE.

Et si ce fils, que vous avez en brave père si bien morigéné, avoit fait pis encore que le mien? Hé?

GÉRONTE.

Comment?

ARGANTE.

Comment?

GÉRONTE.

Qu'est-ce que cela veut dire?

ARGANTE.

Cela veut dire, seigneur Géronte, qu'il ne faut pas être si prompt à condamner la conduite des autres, et que ceux qui veulent gloser doivent bien regarder chez eux s'il n'y a rien qui cloche.

GÉRONTE.

Je n'entends point cette énigme.

ARGANTE.

On vous l'expliquera.

GÉRONTE.

Est-ce que vous auriez ouï dire quelque chose de mon fils ?

ARGANTE.

Cela se peut faire.

GÉRONTE.

Et quoi encore ?

ARGANTE.

Votre Scapin, dans mon dépit, ne m'a dit la chose qu'en gros; et vous pourrez de lui, ou de quelque autre, être instruit du détail. Pour moi, je vais vite consulter un avocat, et aviser des biais que j'ai à prendre. Jusqu'au revoir.

SCÈNE II.

GÉRONTE.

Que pourroit-ce être que cette affaire-ci ? Pis encore que le sien ! Pour moi, je ne vois pas ce que l'on peut faire de pis; et je trouve que se marier sans le consentement de son père est une action qui passe tout ce qu'on peut s'imaginer.

SCÈNE III.

GÉRONTE, LÉANDRE.

GÉRONTE.

Ah! vous voilà!

LÉANDRE, courant à Géronte, pour l'embrasser.

Ah! mon père, que j'ai de joie de vous voir de retour!

GÉRONTE, refusant d'embrasser Léandre.

Doucement; parlons un peu d'affaire.

LÉANDRE.

Souffrez que je vous embrasse, et que...

GÉRONTE, le repoussant encore.

Doucement, vous dis-je.

LÉANDRE.

Quoi! vous me refusez, mon père, de vous exprimer mon transport par mes embrassements?

GÉRONTE.

Oui. Nous avons quelque chose à démêler ensemble.

LÉANDRE.

Et quoi?

GÉRONTE.

Tenez-vous, que je vous voie en face.

LÉANDRE.

Comment?

GÉRONTE.

Regardez-moi entre deux yeux.

LÉANDRE.

Hé bien?

ACTE II, SCÈNE III.

GÉRONTE.

Qu'est-ce donc qui s'est passé ici?

LÉANDRE.

Ce qui s'est passé?

GÉRONTE.

Oui. Qu'avez-vous fait pendant mon absence?

LÉANDRE.

Que voulez-vous, mon père, que j'aie fait?

GÉRONTE.

Ce n'est pas moi qui veux que vous ayez fait, mais qui demande ce que c'est que vous avez fait.

LÉANDRE.

Moi! je n'ai fait aucune chose dont vous ayez lieu de de vous plaindre.

GÉRONTE.

Aucune chose?

LÉANDRE.

Non.

GÉRONTE.

Vous êtes bien résolu.

LÉANDRE.

C'est que je suis sûr de mon innocence.

GÉRONTE.

Scapin pourtant a dit de vos nouvelles.

LÉANDRE.

Scapin?

GÉRONTE.

Ah! ah! ce mot vous fait rougir.

LÉANDRE.

Il vous a dit quelque chose de moi?

GÉRONTE.

Ce lieu n'est pas tout-à-fait propre à vider cette affaire, et nous allons l'examiner ailleurs. Qu'on se rende au logis; j'y vais revenir tout à l'heure. Ah! traître, s'il faut que tu me déshonores, je te renonce pour mon fils, et tu peux bien, pour jamais, te résoudre à fuir de ma présence.

SCÈNE VI.

LÉANDRE.

Me trahir de cette manière! Un coquin qui doit, par cent raisons, être le premier à cacher les choses que je lui confie, est le premier à les aller découvrir à mon père! Ah! je jure le ciel que cette trahison ne demeurera pas impunie.

SCÈNE V.

OCTAVE, LÉANDRE, SCAPIN.

OCTAVE.

Mon cher Scapin, que ne dois-je point à tes soins! Que tu es un homme admirable! et que le ciel m'est favorable de t'envoyer à mon secours?

LÉANDRE.

Ah! ah! vous voilà! je suis ravi de vous trouver, monsieur le coquin.

ACTE II, SCÈNE V.

SCAPIN.

Monsieur, votre serviteur. C'est trop d'honneur que vous me faites.

LÉANDRE, mettant l'épée à la main.

Vous faites le méchant plaisant. Ah! je vous apprendrai...

SCAPIN, se mettant à genoux.

Monsieur.

OCTAVE, se mettant entre eux deux, pour empêcher Léandre de frapper Scapin.

Ah! Léandre.

LÉANDRE.

Non, Octave, ne me retenez point, je vous prie.

SCAPIN, à Léandre.

Hé! monsieur.

OCTAVE, retenant Léandre.

De grace.

LÉANDRE, voulant frapper Scapin.

Laissez-moi contenter mon ressentiment.

OCTAVE.

Au nom de l'amitié, Léandre, ne le maltraitez point.

SCAPIN.

Monsieur, que vous ai-je fait?

LÉANDRE, voulant frapper Scapin.

Ce que tu m'as fait, traître!

OCTAVE, retenant encore Léandre.

Hé! doucement.

LÉANDRE.

Non, Octave; je veux qu'il me confesse lui-même tout à l'heure la perfidie qu'il m'a faite. Oui, coquin, je sais le trait que tu m'as joué, on vient de me l'apprendre; et tu ne croyois pas peut-être que l'on me dût révéler ce secret : mais je veux en avoir la confession de ta propre bouche, ou je vais te passer cette épée au travers du corps.

SCAPIN.

Ah! monsieur, auriez-vous bien ce cœur-là!

LÉANDRE.

Parle donc.

SCAPIN.

Je vous ai fait quelque chose, monsieur?

LÉANDRE.

Oui, coquin; et ta conscience ne te dit que trop ce que c'est.

SCAPIN.

Je vous assure que je l'ignore.

LÉANDRE, s'avançant pour frapper Scapin.

Tu l'ignores!

OCTAVE, retenant Léandre.

Léandre.

SCAPIN.

Hé bien, monsieur, puisque vous le voulez, je vous confesse que j'ai bu avec mes amis ce petit quarteau de vin d'Espagne dont on vous fit présent il y a quelques jours, et que c'est moi qui fis une fente au tonneau, et répandis de l'eau autour, pour faire croire que le vin s'étoit échappé.

LÉANDRE.

C'est toi, pendard, qui m'as bu mon vin d'Espagne, et qui as été cause que j'ai tant querellé la servante, croyant que c'étoit elle qui m'avoit fait le tour?

SCAPIN.

Oui, monsieur. Je vous en demande pardon.

LÉANDRE.

Je suis bien aise d'apprendre cela : mais ce n'est pas l'affaire dont il est question maintenant.

SCAPIN.

Ce n'est pas cela, monsieur?

LÉANDRE.

Non; c'est une autre affaire qui me touche bien plus; et je veux que tu me la dises.

SCAPIN.

Monsieur, je ne me souviens pas d'avoir fait autre chose.

LÉANDRE, voulant frapper Scapin.

Tu ne veux pas parler?

SCAPIN.

Hé!

OCTAVE, retenant Léandre.

Tout doux.

SCAPIN.

Oui, monsieur, il est vrai qu'il y a trois semaines que vous m'envoyâtes porter le soir une petite montre à la jeune Égyptienne que vous aimez; je revins au logis, mes habits tout couverts de boue, et le visage plein de sang, et vous dis que j'avois trouvé des voleurs qui m'avoient bien battu et m'avoient dérobé la montre. C'étoit moi, monsieur, qui l'avois retenue.

LÉANDRE.

C'est toi qui as retenu ma montre?

SCAPIN.

Oui, monsieur, afin de voir quelle heure il est.

LÉANDRE.

Ah! ah! j'apprends ici de jolies choses, et j'ai un serviteur fort fidèle vraiment! Mais ce n'est pas encore cela que je demande.

SCAPIN.

Ce n'est pas cela?

LÉANDRE.

Non, infame; c'est autre chose encore que je veux que tu me confesses.

SCAPIN, à part.

Peste!

LÉANDRE.

Parle vite, j'ai hâte.

SCAPIN.

Monsieur, voilà tout ce que j'ai fait.

LÉANDRE, voulant frapper Scapin.

Voilà tout?

OCTAVE, se mettant au-devant de Léandre.

Hé!

SCAPIN.

Hé bien, oui, monsieur; vous vous souvenez de ce loup-garou, il y a six mois, qui vous donna tant de coups de bâton la nuit, et vous pensa faire rompre le cou dans une cave où vous tombâtes en fuyant.

LÉANDRE.

Hé bien?

SCAPIN.

C'étoit moi, monsieur, qui faisois le loup-garou.

ACTE II, SCÈNE V.

LÉANDRE.

C'étoit toi, traître, qui faisois le loup-garou?

SCAPIN.

Oui, monsieur, seulement pour vous faire peur, et vous ôter l'envie de nous faire courir toutes les nuits comme vous aviez de coutume.

LÉANDRE.

Je saurai me souvenir en temps et lieu de tout ce que je viens d'apprendre. Mais je veux venir au fait, et que tu me confesses ce que tu as dit à mon père.

SCAPIN.

A votre père?

LÉANDRE.

Oui, fripon, à mon père.

SCAPIN.

Je ne l'ai pas seulement vu depuis son retour.

LÉANDRE.

Tu ne l'as pas vu?

SCAPIN.

Non, monsieur.

LÉANDRE.

Assurément?

SCAPIN.

Assurément. C'est une chose que je vais vous faire dire par lui-même.

LÉANDRE.

C'est de sa bouche que je le tiens pourtant.

SCAPIN.

Avec votre permission, il n'a pas dit la vérité.

SCÈNE VI.

LÉANDRE, OCTAVE, CARLE, SCAPIN.

CARLE.

Monsieur, je vous apporte une nouvelle qui est fâcheuse pour votre amour.

LÉANDRE.

Comment?

CARLE.

Vos Égyptiens sont sur le point de vous enlever Zerbinette; et elle-même, les larmes aux yeux, m'a chargé de venir promptement vous dire, que, si dans deux heures vous ne songez à leur porter l'argent qu'ils vous ont demandé pour elle, vous l'allez perdre pour jamais.

LÉANDRE.

Dans deux heures?

CARLE.

Dans deux heures.

SCÈNE VII.

LÉANDRE, OCTAVE, SCAPIN.

LÉANDRE.

Ah! mon pauvre Scapin, j'implore ton secours.

SCAPIN, se levant, et passant fièrement devant Léandre.

Ah! mon pauvre Scapin! Je suis mon pauvre Scapin à cette heure qu'on a besoin de moi.

ACTE II, SCÈNE VII.

LÉANDRE.

Va, je te pardonne tout ce que tu viens de me dire, pis encore, si tu me l'as fait.

SCAPIN.

Non, non, ne me pardonnez rien; passez-moi votre épée au travers du corps. Je serai ravi que vous me tuiez.

LÉANDRE.

Non, je te conjure plutôt de me donner la vie en servant mon amour.

SCAPIN.

Point, point; vous ferez mieux de me tuer.

LÉANDRE.

Tu m'es trop précieux; et je te prie de vouloir employer pour moi ce génie admirable qui vient à bout de toutes choses.

SCAPIN.

Non; tuez-moi, vous dis-je.

LÉANDRE.

Ah! de grace; ne songe plus à tout cela, et pense à me donner le secours que je te demande.

OCTAVE.

Scapin, il faut faire quelque chose pour lui.

SCAPIN.

Le moyen, après une avanie de la sorte?

LÉANDRE.

Je te conjure d'oublier mon emportement, et de me prêter ton adresse.

OCTAVE.

Je joins mes prières aux siennes.

SCAPIN.

J'ai cette insulte-là sur le cœur.

OCTAVE.

Il faut quitter ton ressentiment.

LÉANDRE.

Voudrois-tu m'abandonner, Scapin, dans la cruelle extrémité où se voit mon amour?

SCAPIN.

Me venir faire, à l'improviste, un affront comme celui-là!

LÉANDRE.

J'ai tort; je le confesse.

SCAPIN.

Me traiter de coquin! de fripon! de pendard! d'infame!

LÉANDRE.

J'en ai tous les regrets du monde.

SCAPIN.

Me vouloir passer son épée au travers du corps!

LÉANDRE.

Je t'en demande pardon de tout mon cœur; et s'il ne tient qu'à me jeter à tes genoux, tu m'y vois, Scapin, pour te conjurer encore une fois de ne me point abandonner.

OCTAVE.

Ah! ma foi, Scapin, il faut se rendre à cela.

SCAPIN.

Levez-vous. Une autre fois ne soyez point si prompt.

LÉANDRE.

Me promets-tu de travailler pour moi?

ACTE II, SCÈNE VII.

SCAPIN.

On y songera.

LÉANDRE.

Mais tu sais que le temps presse.

SCAPIN.

Ne vous mettez pas en peine. Combien est-ce qu'il vous faut?

LÉANDRE.

Cinq cents écus.

SCAPIN.

Et à vous?

OCTAVE.

Deux cents pistoles.

SCAPIN.

Je veux tirer cet argent de vos pères. (A Octave.) Pour ce qui est du vôtre, la machine est déja toute trouvée. (A Léandre.) Et quant au vôtre, bien qu'avare au dernier degré, il y faudra moins de façon encore : car vous savez que pour l'esprit il n'en a pas, grace à Dieu, grande provision ; et je le livre pour une espèce d'homme à qui l'on fera toujours croire tout ce que l'on voudra. Cela ne vous offense point, il ne tombe entre lui et vous aucun soupçon de ressemblance, et vous savez assez l'opinion de tout le monde, qui veut qu'il ne soit votre père que pour la forme.

LÉANDRE.

Tout beau, Scapin.

SCAPIN.

Bon, bon, on fait bien du scrupule de cela! Vous moquez-vous? Mais j'aperçois venir le père d'Octave.

Commençons par lui, puisqu'il se présente. Allez-vous-en tous deux. (A Octave.) Et vous, avertissez votre Silvestre de venir vite jouer son rôle.

SCÈNE VIII.

ARGANTE, SCAPIN.

SCAPIN, à part.

Le voilà qui rumine.

ARGANTE, se croyant seul.

Avoir si peu de conduite et de considération ! S'aller jeter dans un engagement comme celui-là ! Ah ! ah ! ah ! jeunesse impertinente.

SCAPIN.

Monsieur, votre serviteur.

ARGANTE.

Bonjour, Scapin.

SCAPIN.

Vous rêvez à l'affaire de votre fils.

ARGANTE.

Je t'avoue que cela me donne un furieux chagrin.

SCAPIN.

Monsieur, la vie est mêlée de traverses ; il est bon de s'y tenir sans cesse préparé ; et j'ai ouï dire, il y a long-temps, une parole d'un ancien, que j'ai toujours retenue.

ARGANTE.

Quoi ?

SCAPIN.

Que, pour peu qu'un père de famille ait été absent

de chez lui, il doit promener son esprit sur tous les fâcheux accidents que son retour peut rencontrer ; se figurer sa maison brûlée, son argent dérobé, sa femme morte, son fils estropié, sa fille subornée ; et ce qu'il trouve qui ne lui est point arrivé, l'imputer à bonne fortune. Pour moi, j'ai pratiqué toujours cette leçon dans ma petite philosophie ; et je ne suis jamais revenu au logis que je ne me sois tenu prêt à la colère de mes maîtres, aux réprimandes, aux injures, aux coups de pied au cul, aux bastonnades, aux étrivières ; et ce qui a manqué à m'arriver, j'en ai rendu graces à mon bon destin.

ARGANTE.

Voilà qui est bien : mais ce mariage impertinent qui trouble celui que nous voulons faire est une chose que je ne puis souffrir, et je viens de consulter des avocats pour le faire casser.

SCAPIN.

Ma foi, monsieur, si vous m'en croyez, vous tâcherez, par quelque autre voie, d'accommoder l'affaire. Vous savez ce que c'est que les procès en ce pays-ci, et vous allez vous enfoncer dans d'étranges épines.

ARGANTE.

Tu as raison, je le vois bien. Mais quelle autre voie ?

SCAPIN.

Je pense que j'en ai trouvé une. La compassion que m'a donnée tantôt votre chagrin m'a obligé à chercher dans ma tête quelque moyen pour vous tirer d'inquiétude : car je ne saurois voir d'honnêtes pères chagrinés par leurs enfants, que cela ne m'émeuve : et, de tout temps, je me suis senti pour votre personne une inclination particulière.

ARGANTE.

Je te suis obligé.

SCAPIN.

J'ai donc été trouver le frère de cette fille qui a été épousée. C'est un de ces braves de profession, de ces gens qui sont tout coups d'épée, qui ne parlent que d'échiner, et ne font non plus de conscience de tuer un homme que d'avaler un verre de vin. Je l'ai mis sur ce mariage, lui ai fait voir quelle facilité offroit la raison de la violence pour le faire casser, vos prérogatives du nom de père, et l'appui que vous donneroient auprès de la justice, et votre droit, et votre argent, et vos amis; enfin, je l'ai tant tourné de tous les côtés, qu'il a prêté l'oreille aux propositions que je lui ai faites d'ajuster l'affaire pour quelque somme; et il donnera son consentement à rompre le mariage, pourvu que vous lui donniez de l'argent.

ARGANTE.

Et qu'a-t-il demandé?

SCAPIN.

Oh! d'abord des choses par-dessus les maisons.

ARGANTE.

Hé! quoi?

SCAPIN.

Des choses extravagantes.

ARGANTE.

Mais encore?

SCAPIN.

Il ne parloit pas moins que de cinq ou six cents pistoles.

ACTE II, SCÈNE VIII.

ARGANTE.

Cinq ou six cents fièvres quartaines qui le puissent serrer! Se moque-t-il des gens?

SCAPIN.

C'est ce que je lui ai dit. J'ai rejeté bien loin de pareilles propositions, et je lui ai bien fait entendre que vous n'étiez point une dupe, pour vous demander des cinq ou six cents pistoles. Enfin, après plusieurs discours, voici où s'est réduit le résultat de notre conférence. Nous voilà au temps, m'a-t-il dit, que je dois partir pour l'armée; je suis après à m'équiper, et le besoin que j'ai de quelque argent me fait consentir malgré moi à ce qu'on me propose. Il me faut un cheval de service, et je n'en saurois avoir un qui soit tant soit peu raisonnable, à moins de soixante pistoles.

ARGANTE.

Hé bien, pour soixante pistoles, je les donne.

SCAPIN.

Il faudra le harnois et les pistolets, et cela ira bien à vingt pistoles encore.

ARGANTE.

Vingt pistoles, et soixante, ce seroit quatre-vingts!

SCAPIN.

Justement.

ARGANTE.

C'est beaucoup; mais soit, je consens à cela.

SCAPIN.

Il me faut aussi un cheval pour monter mon valet, qui coûtera bien trente pistoles.

ARGANTE.

Comment diantre! Qu'il se promène; il n'aura rien du tout.

SCAPIN.

Monsieur...

ARGANTE.

Non. C'est un impertinent.

SCAPIN.

Voulez-vous que son valet aille à pied?

ARGANTE.

Qu'il aille comme il lui plaira, et le maître aussi.

SCAPIN.

Mon dieu! monsieur, ne vous arrêtez point à peu de chose : n'allez point plaider je vous prie; et donnez tout pour vous sauver des mains de la justice.

ARGANTE.

Hé bien, soit. Je me résous à donner encore ces trente pistoles.

SCAPIN.

Il me faut encore, a-t-il dit, un mulet pour porter...

ARGANTE.

Oh! qu'il aille au diable avec son mulet. C'en est trop, et nous irons devant les juges.

SCAPIN.

De grace, monsieur...

ARGANTE.

Non, je n'en ferai rien.

SCAPIN.

Monsieur, un petit mulet.

ARGANTE.

Je ne lui donnerois pas seulement un âne.

ACTE II, SCÈNE VIII.

SCAPIN.

Considérez...

ARGANTE.

Non, j'aime mieux plaider.

SCAPIN.

Hé! monsieur, de quoi parlez-vous là, et à quoi vous résolvez-vous! Jetez les yeux sur les détours de la justice; voyez combien d'appels et de degrés de juridiction, combien de procédures embarrassantes, combien d'animaux ravissants par les griffes desquels il vous faudra passer; sergents, procureurs, avocats, greffiers, substituts, rapporteurs, juges, et leurs clercs. Il n'y a pas un de tous ces gens-là qui, pour la moindre chose, ne soit capable de donner un soufflet au meilleur droit du monde. Un sergent baillera de faux exploits, sur quoi vous serez condamné sans que vous le sachiez. Votre procureur s'entendra avec votre partie, et vous vendra à beaux deniers comptants. Votre avocat, gagné de même, ne se trouvera point lorsqu'on plaidera votre cause, on dira des raisons qui ne feront que battre la campagne, et n'iront point au fait. Le greffier délivrera par contumace des sentences et arrêts contre vous. Le clerc du rapporteur soustraira des pièces, ou le rapporteur même ne dira pas ce qu'il a vu. Et quand, par les plus grandes précautions du monde, vous aurez paré tout cela, vous serez ébahi que vos juges auront été sollicités contre vous, ou par des gens dévots, ou par des femmes qu'ils aimeront. Hé! monsieur, si vous le pouvez, sauvez-vous de cet enfer-là. C'est être damné dès ce monde que d'avoir à plaider; et la seule pensée d'un procès seroit capable de me faire fuir jusqu'aux Indes.

ARGANTE.

A combien est-ce qu'il fait monter le mulet?

SCAPIN.

Monsieur, pour le mulet, pour son cheval, et celui de son homme, pour le harnois et les pistolets, et pour payer quelque petite chose qu'il doit à son hôtesse, il demande en tout deux cents pistoles.

ARGANTE.

Deux cents pistoles!

SCAPIN.

Oui.

ARGANTE, se promenant en colère.

Allons, allons; nous plaiderons.

SCAPIN.

Faites réflexion...

ARGANTE.

Je plaiderai.

SCAPIN.

Ne vous allez point jeter...

ARGANTE.

Je veux plaider.

SCAPIN.

Mais, pour plaider, il vous faudra de l'argent; il vous en faudra pour l'exploit; il vous en faudra pour le contrôle; il vous en faudra pour la procuration, pour la présentation, conseils, productions, et journées de procureur; il vous en faudra pour les consultations et plaidoiries des avocats, pour le droit de retirer le sac, et pour les grosses d'écritures; il vous en faudra pour le rapport des substituts, pour les épices de conclusion, pour l'enregistrement du greffier, façon d'appointement, sentences et arrêts, contrôles, signatures, et expéditions de leurs clercs, sans parler de tous les présents qu'il vous faudra faire. Donnez cet argent-là à cet homme-ci; vous voilà hors d'affaire.

ARGANTE.

Comment? deux cents pistoles!

SCAPIN.

Oui. Vous y gagnerez. J'ai fait un petit calcul, en moi-même, de tous les frais de la justice; et j'ai trouvé qu'en donnant deux cents pistoles à votre homme, vous en aurez de reste, pour le moins, cent cinquante, sans compter les soins, les pas et les chagrins que vous vous épargnerez. Quand il n'y auroit à essuyer que les sottises que disent devant tout le monde de méchants plaisants d'avocats, j'aimerois mieux donner trois cents pistoles, que de plaider.

ARGANTE.

Je me moque de cela, et je défie les avocats de rien dire de moi.

SCAPIN.

Vous ferez ce qu'il vous plaira; mais si j'étois que de vous, je fuirois les procès.

ARGANTE.

Je ne donnerai point deux cents pistoles.

SCAPIN.

Voici l'homme dont il s'agit.

SCÈNE IX.

ARGANTE, SCAPIN; SILVESTRE, déguisé en spadassin.

SILVESTRE.

Scapin, fais-moi connoître un peu cet Argante qui est père d'Octave.

SCAPIN.

Pourquoi, monsieur?

SILVESTRE.

Je viens d'apprendre qu'il veut me mettre en procès, et faire rompre par justice le mariage de ma sœur.

SCAPIN.

Je ne sais pas s'il a cette pensée; mais il ne veut point consentir aux deux cents pistoles que vous voulez, et il dit que c'est trop.

SILVESTRE.

Par la mort! par la tête! par le ventre! si je le trouve, je le veux échiner, dussé-je être roué tout vif. (Argante, pour n'être point vu, se tient en tremblant derrière Scapin.)

SCAPIN.

Monsieur, ce père d'Octave a du cœur; et peut-être ne vous craindra-t-il point.

SILVESTRE.

Lui! lui! Par le sang! par la tête! s'il étoit là, je lui donnerois tout-à-l'heure de l'épée dans le ventre. (Apercevant Argante.) Qui est cet homme-là?

SCAPIN.

Ce n'est pas lui, monsieur; ce n'est pas lui.

SILVESTRE.

N'est-ce point quelqu'un de ses amis?

SCAPIN.

Non, monsieur; au contraire, c'est son ennemi capital.

SILVESTRE.

Son ennemi capital?

SCAPIN.

Oui.

SILVESTRE.

Ah! parbleu, j'en suis ravi. (A Argante.) Vous êtes ennemi, monsieur, de ce faquin d'Argante? Hé?

SCAPIN.

Oui, oui; je vous en réponds.

SILVESTRE, secouant rudement la main d'Argante.

Touchez là; touchez. Je vous donne ma parole, et vous jure, sur mon honneur, par l'épée que je porte, par tous les serments que je saurois faire, qu'avant la fin du jour je vous déferai de ce maraud fieffé, de ce faquin d'Argante. Reposez-vous sur moi.

SCAPIN.

Monsieur, les violences en ce pays-ci ne sont guère souffertes.

SILVESTRE.

Je me moque de tout, et je n'ai rien à perdre.

SCAPIN.

Il se tiendra sur ses gardes assurément; et il a des parents, des amis et des domestiques dont il se fera un secours contre votre ressentiment.

SILVESTRE.

C'est ce que je demande, morbleu; c'est ce que je demande. (Mettant l'épée à la main.) Ah! tête! ah! ventre! Que ne le trouvé-je à cette heure avec tout son secours! Que ne paroît-il à mes yeux au milieu de trente personnes! que ne le vois-je fondre sur moi les armes à la main! (Se mettant en garde.) Comment! marauds, vous avez la hardiesse de vous attaquer à moi! Allons, morbleu, tue!

(Poussant de tous les côtés, comme s'il avoit plusieurs personnes à combattre.)

Point de quartier. Donnons. Ferme. Poussons. Bon pied, bon œil. Ah! coquins! Ah! canaille! vous en voulez par-là; je vous en ferai tâter votre soûl. Soutenez, marauds, soutenez. Allons. A cette botte; à cette autre. (Se tournant du côté d'Argante et de Scapin.) A celle-ci; à celle-là. Comment, vous reculez! Pied ferme, morbleu! pied ferme.

SCAPIN.

Hé! hé! hé! monsieur, nous n'en sommes pas.

SILVESTRE.

Voilà qui vous apprendra à vous oser jouer à moi.

SCÈNE X.

ARGANTE, SCAPIN.

SCAPIN.

Hé bien! vous voyez combien de personnes tuées pour deux cents pistoles. Or sus, je vous souhaite une bonne fortune.

ACTE II, SCÈNE X.

ARGANTE, tout tremblant.

Scapin.

SCAPIN.

Plaît-il?

ARGANTE.

Je me résous à donner les deux cents pistoles.

SCAPIN.

J'en suis ravi pour l'amour de vous.

ARGANTE.

Allons le trouver; je les ai sur moi.

SCAPIN.

Vous n'avez qu'à me les donner. Il ne faut pas, pour votre honneur, que vous paroissiez là, après avoir passé ici pour autre que ce que vous êtes; et, de plus, je craindrois qu'en vous faisant connoître, il n'allât s'aviser de vous demander davantage.

ARGANTE.

Oui; mais j'aurois été bien aise de voir comme je donne mon argent.

SCAPIN.

Est-ce que vous vous défiez de moi?

ARGANTE.

Non pas; mais...

SCAPIN.

Parbleu! monsieur, je suis un fourbe, ou je suis honnête homme; c'est l'un des deux. Est-ce que je voudrois vous tromper, et que, dans tout ceci, j'ai d'autre intérêt que le vôtre et celui de mon maître, à qui vous voulez vous allier? Si je vous suis suspect, je ne me mêle plus de rien, et vous n'avez qu'à chercher, dès cette heure, qui accommodera vos affaires.

ARGANTE.

Tiens donc.

SCAPIN.

Non, monsieur, ne me confiez point votre argent. Je serai bien aise que vous vous serviez de quelque autre.

ARGANTE.

Mon dieu! tiens.

SCAPIN.

Non, vous dis-je; ne vous fiez point à moi. Que sait-on si je ne veux point attraper votre argent?

ARGANTE.

Tiens, te dis-je; ne me fais point contester davantage. Mais songe à bien prendre tes sûretés avec lui.

SCAPIN.

Laissez-moi faire; il n'a pas affaire à un sot.

ARGANTE.

Je vais t'attendre chez moi.

SCAPIN.

Je ne manquerai pas d'y aller. (Seul.) Et un. Je n'ai qu'à chercher l'autre. Ah! ma foi, le voici. Il semble que le ciel, l'un après l'autre, les amène dans mes filets.

SCÈNE XI.

SCAPIN, GÉRONTE.

SCAPIN, faisant semblant de ne pas voir Géronte.

O ciel! O disgrace imprévue! O misérable père! pauvre Géronte, que feras-tu?

ACTE II, SCÈNE XI.

GÉRONTE, à part.

Que dit-il là de moi, avec ce visage affligé?

SCAPIN.

N'y a-t-il personne qui puisse me dire où est le seigneur Géronte?

GÉRONTE.

Qu'y a-t-il, Scapin?

SCAPIN, courant sur le théâtre, sans vouloir entendre ni voir Géronte.

Où pourrai-je le rencontrer pour lui dire cette infortune?

GÉRONTE, courant après Scapin.

Qu'est-ce que c'est donc?

SCAPIN.

En vain je cours de tous côtés pour le pouvoir trouver.

GÉRONTE.

Me voici.

SCAPIN.

Il faut qu'il soit caché dans quelque endroit qu'on ne puisse point deviner.

GÉRONTE, arrêtant Scapin.

Holà! Es-tu aveugle, que tu ne me vois pas?

SCAPIN.

Ah! monsieur, il n'y a pas moyen de vous rencontrer.

GÉRONTE.

Il y a une heure que je suis devant toi. Qu'est-ce que c'est donc qu'il y a?

SCAPIN.

Monsieur...

GÉRONTE.

Quoi?

SCAPIN.

Monsieur votre fils...

GÉRONTE.

Hé bien? mon fils...

SCAPIN.

Est tombé dans une disgrace la plus étrange du monde.

GÉRONTE.

Et quelle?

SCAPIN.

Je l'ai trouvé tantôt tout triste de je ne sais quoi que vous lui avez dit, où vous m'avez mêlé assez mal à propos; et, cherchant à divertir cette tristesse, nous nous sommes allés promener sur le port. Là, entre autres plusieurs choses, nous avons arrêté nos yeux sur une galère turque assez bien équipée. Un jeune Turc de bonne mine nous a invités d'y entrer, et nous a présenté la main. Nous y avons passé. Il nous a fait mille civilités, nous a donné la collation, où nous avons mangé des fruits les plus excellents qui se puissent voir, et bu du vin que nous avons trouvé le meilleur du monde.

GÉRONTE.

Qu'y a-t-il de si affligeant à tout cela?

SCAPIN.

Attendez, monsieur; nous y voici. Pendant que nous mangions, il a fait mettre la galère en mer; et, se voyant éloigné du port, il m'a fait mettre dans un esquif, et m'envoie vous dire que, si vous ne lui envoyez par moi tout-à-l'heure cinq cents écus, il va vous emmener votre fils en Alger.

GÉRONTE.

Comment diantre! cinq cents écus!

ACTE II, SCÈNE XI.

SCAPIN.

Oui, monsieur; et, de plus, il ne m'a donné pour cela que deux heures.

GÉRONTE.

Ah! le pendard de Turc! m'assassiner de la façon.

SCAPIN.

C'est à vous, monsieur, d'aviser promptement aux moyens de sauver des fers un fils que vous aimez avec tant de tendresse.

GÉRONTE.

Que diable alloit-il faire dans cette galère?

SCAPIN.

Il ne songeoit pas à ce qui est arrivé.

GÉRONTE.

Va-t'en, Scapin, va-t'en vite dire à ce Turc que je vais envoyer la justice après lui.

SCAPIN.

La justice en pleine mer! Vous moquez-vous des gens?

GÉRONTE.

Que diable alloit-il faire dans cette galère?

SCAPIN.

Une méchante destinée conduit quelquefois les personnes.

GÉRONTE.

Il faut, Scapin, il faut que tu fasses ici l'action d'un serviteur fidèle.

SCAPIN.

Quoi, monsieur?

GÉRONTE.

Que tu ailles dire à ce Turc qu'il me renvoie mon fils,

et que tu te mets à sa place, jusqu'à ce que j'aie amassé la somme qu'il demande.

SCAPIN.

Hé! monsieur, songez-vous à ce que vous dites? Et vous figurez-vous que ce Turc ait si peu de sens que d'aller recevoir un misérable comme moi à la place de votre fils?

GÉRONTE.

Que diable alloit-il faire dans cette galère?

SCAPIN.

Il ne devinoit pas ce malheur. Songez, monsieur, qu'il ne m'a donné que deux heures.

GÉRONTE.

Tu dis qu'il demande...

SCAPIN.

Cinq cents écus.

GÉRONTE.

Cinq cents écus! N'a-t-il point de conscience?

SCAPIN.

Vraiment oui, de la conscience à un Turc!

GÉRONTE.

Sait-il bien ce que c'est que cinq cents écus?

SCAPIN.

Oui, monsieur, il sait que c'est mille cinq cents livres.

GÉRONTE.

Croit-il, le traître, que mille cinq cents livres se trouvent dans le pas d'un cheval?

SCAPIN.

Ce sont des gens qui n'entendent point de raisons.

GÉRONTE.

Mais que diable alloit-il faire dans cette galère?

SCAPIN.

Il est vrai; mais quoi! on ne prévoyoit pas les choses. De grace, monsieur, dépêchez.

GÉRONTE.

Tiens, voilà la clef de mon armoire.

SCAPIN.

Bon.

GÉRONTE.

Tu l'ouvriras.

SCAPIN.

Fort bien.

GÉRONTE.

Tu trouveras une grosse clef du côté gauche, qui est celle de mon grenier.

SCAPIN.

Oui.

GÉRONTE.

Tu iras prendre toutes les hardes qui sont dans cette grande manne, [1] et tu les vendras aux fripiers, pour aller racheter mon fils.

SCAPIN, en lui rendant la clef.

Hé! monsieur, rêvez-vous? Je n'aurois pas cent francs de tout ce que vous dites; et, de plus, vous savez le peu de temps qu'on m'a donné.

GÉRONTE.

Mais que diable alloit-il faire dans cette galère?

SCAPIN.

Oh! que de paroles perdues! Laissez-là cette galère,

---

[1] *Manne.* Une manne est un panier d'osier, plus long que large, avec des anses.

et songez que le temps presse, et que vous courez risque de perdre votre fils. Hélas! mon pauvre maître, peut-être que je ne te verrai de ma vie, et qu'à l'heure que je parle on t'emmène esclave en Alger! Mais le ciel me sera témoin que j'ai fait pour toi tout ce que j'ai pu, et que, si tu manques à être racheté, il n'en faut accuser que le peu d'amitié d'un père.

GÉRONTE.

Attends, Scapin; je m'en vais quérir cette somme.

SCAPIN.

Dépêchez donc vite, monsieur; je tremble que l'heure ne sonne.

GÉRONTE.

N'est-ce pas quatre cents écus que tu dis?

SCAPIN.

Non; cinq cents écus.

GÉRONTE.

Cinq cents écus?

SCAPIN.

Oui.

GÉRONTE.

Que diable alloit-il faire dans cette galère?

SCAPIN.

Vous avez raison : mais hâtez-vous.

GÉRONTE.

N'y avoit-il point d'autre promenade?

SCAPIN.

Cela est vrai : mais faites promptement.

GÉRONTE.

Ah! maudite galère!

ACTE II, SCÈNE XI.

SCAPIN, à part.

Cette galère lui tient au cœur.

GÉRONTE.

Tiens, Scapin, je ne me souvenois pas que je viens justement de recevoir cette somme en or; et je ne croyois pas qu'elle dût m'être sitôt ravie. (*Tirant sa bourse de sa poche, et la présentant à Scapin.*) Tiens, va-t'en racheter mon fils.

SCAPIN, tendant la main.

Oui, monsieur.

GÉRONTE, retenant sa bourse, qu'il fait semblant de vouloir donner à Scapin.

Mais dis à ce Turc que c'est un scélérat.

SCAPIN, tendant encore la main.

Oui.

GÉRONTE, recommençant la même action.

Un infame.

SCAPIN, tendant toujours la main.

Oui.

GÉRONTE, de même.

Un homme sans foi, un voleur.

SCAPIN.

Laissez-moi faire.

GÉRONTE, de même.

Qu'il me tire cinq cents écus contre toute sorte de droit.

SCAPIN.

Oui.

GÉRONTE, de même.

Que je ne les lui donne ni à la mort, ni à la vie.

SCAPIN.

Fort bien.

GÉRONTE, de même.

Et que, si jamais je l'attrape, je saurai me venger de lui.

SCAPIN.

Oui.

GÉRONTE, remettant sa bourse dans sa poche, et s'en allant.

Va, va vite requerir mon fils.

SCAPIN, courant après Géronte.

Holà! monsieur.

GÉRONTE.

Quoi?

SCAPIN.

Où est donc cet argent?

GÉRONTE.

Ne te l'ai-je pas donné?

SCAPIN.

Non vraiment; vous l'avez remis dans votre poche.

GÉRONTE.

Ah! c'est la douleur qui me trouble l'esprit.

SCAPIN.

Je le vois bien.

GÉRONTE.

Que diable alloit-il faire dans cette galère? Ah! maudite galère! traître de Turc, à tous les diables!

SCAPIN, seul.

Il ne peut digérer les cinq cents écus que je lui arrache; mais il n'est pas quitte envers moi; et je veux qu'il me paie en une autre monnoie l'imposture qu'il m'a faite auprès de son fils.

SCÈNE XII.

OCTAVE, LÉANDRE, SCAPIN.

OCTAVE.

Hé bien ! Scapin, as-tu réussi pour moi dans ton entreprise ?

LÉANDRE.

As-tu fait quelque chose pour tirer mon amour de la peine où il est ?

SCAPIN, à Octave.

Voilà deux cents pistoles que j'ai tirées de votre père.

OCTAVE.

Ah ! que tu me donnes de joie !

SCAPIN, à Léandre.

Pour vous, je n'ai pu faire rien.

LÉANDRE, voulant s'en aller.

Il faut donc que j'aille mourir ; et je n'ai que faire de vivre, si Zerbinette m'est ôtée.

SCAPIN.

Holà, holà, tout doucement. Comme diantre vous allez vite !

LÉANDRE, se retournant.

Que veux-tu que je devienne ?

SCAPIN.

Allez, j'ai votre affaire ici.

LÉANDRE.

Ah ! tu me redonnes la vie !

SCAPIN.

Mais à condition que vous me permettrez, à moi, une petite vengeance contre votre père, pour le tour qu'il m'a fait.

LÉANDRE.

Tout ce que tu voudras.

SCAPIN.

Vous me le promettez devant témoin?

LÉANDRE.

Oui.

SCAPIN.

Tenez, voilà cinq cents écus.

LÉANDRE.

Allons-en promptement acheter celle que j'adore.

FIN DU SECOND ACTE.

ACTE TROISIÈME.

SCÈNE I.

ZERBINETTE, HYACINTHE, SCAPIN, SILVESTRE.

SILVESTRE.

Oui, vos amants ont arrêté entre eux que vous fussiez ensemble; et nous nous acquittons de l'ordre qu'ils nous ont donné.

HYACINTHE, à Zerbinette.

Un tel ordre n'a rien qui ne me soit fort agréable. Je reçois avec joie une compagne de la sorte; et il ne tiendra pas à moi que l'amitié qui est entre les personnes que nous aimons, ne se répande entre nous deux.

ZERBINETTE.

J'accepte la proposition, et ne suis point personne à reculer, lorsqu'on m'attaque d'amitié.

SCAPIN.

Et lorsque c'est d'amour qu'on vous attaque?

ZERBINETTE.

Pour l'amour, c'est une autre chose : on y court un peu plus de risque, et je n'y suis pas si hardie.

SCAPIN.

Vous l'êtes, que je crois, contre mon maître, maintenant; et ce qu'il vient de faire pour vous, doit vous donner du cœur pour répondre comme il faut à sa passion.

ZERBINETTE.

Je ne me fie encore que de la bonne sorte; et ce n'est pas assez pour m'assurer entièrement, que ce qu'il vient de faire. J'ai l'humeur enjouée, et sans cesse je ris : mais, tout en riant, je suis sérieuse sur de certains chapitres; et ton maître s'abusera, s'il croit qu'il lui suffise de m'avoir achetée pour me voir toute à lui. Il doit lui en coûter autre chose que de l'argent; et pour répondre à son amour de la manière qu'il souhaite, il me faut un don de sa foi, qui soit assaisonné de certaines cérémonies qu'on trouve nécessaires.

SCAPIN.

C'est là aussi comme il l'entend. Il ne prétend à vous qu'en tout bien et en tout honneur ; et je n'aurois pas été homme à me mêler de cette affaire, s'il avoit une autre pensée.

ZERBINETTE.

C'est ce que je veux croire, puisque vous me le dites ; mais, du côté du père, j'y prévois des empêchements.

SCAPIN.

Nous trouverons moyen d'accommoder les choses.

HYACINTHE, à Zerbinette.

La ressemblance de nos destins doit contribuer encore à faire naître notre amitié; et nous nous voyons toutes deux dans les mêmes alarmes, toutes deux exposées à la même infortune.

ZERBINETTE.

Vous avez cet avantage au moins, que vous savez de

qui vous êtes née, et que l'appui de vos parents, que vous pouvez faire connoître, est capable d'ajuster tout, peut assurer votre bonheur, et faire donner un consentement au mariage qu'on trouve fait. Mais, pour moi, je ne rencontre aucun secours dans ce que je puis être, et l'on me voit dans un état qui n'adoucira pas les volontés d'un père qui ne regarde que le bien.

HYACINTHE.

Mais aussi avez-vous cet avantage, que l'on ne tente point par un autre parti celui que vous aimez.

ZERBINETTE.

Le changement du cœur d'un amant n'est pas ce qu'on peut le plus craindre. On se peut naturellement croire assez de mérite pour garder sa conquête; et ce que je vois de plus redoutable dans ces sortes d'affaires, c'est la puissance paternelle, auprès de qui tout le mérite ne sert de rien.

HYACINTHE.

Hélas! pourquoi faut-il que de justes inclinations se trouvent traversées! La douce chose que d'aimer, lorsque l'on ne voit point d'obstacle à ces aimables chaînes dont deux cœurs se lient ensemble!

SCAPIN.

Vous vous moquez; la tranquillité en amour est un calme désagréable. Un bonheur tout uni nous devient ennuyeux, il faut du haut et du bas dans la vie; et les difficultés qui se mêlent aux choses, réveillent les ardeurs, augmentent les plaisirs.

ZERBINETTE.

Mon dieu! Scapin, fais-nous un peu ce récit, qu'on

m'a dit qui est si plaisant, du stratagème dont tu t'es avisé pour tirer de l'argent de ton vieillard avare : tu sais qu'on ne perd point sa peine lorsqu'on me fait un conte, et que je le paie assez bien par la joie qu'on m'y voit prendre.

SCAPIN.

Voilà Silvestre qui s'en acquittera aussi-bien que moi. J'ai dans la tête certaine petite vengeance, dont je vais goûter le plaisir.

SILVESTRE.

Pourquoi, de gaîté de cœur, veux-tu chercher à t'attirer de méchantes affaires?

SCAPIN.

Je me plais à tenter des entreprises hasardeuses.

SILVESTRE.

Je te l'ai déja dit, tu quitterois le dessein que tu as, si tu m'en voulois croire.

SCAPIN.

Oui ; mais c'est moi que j'en croirai.

SILVESTRE.

A quoi diable te vas-tu amuser?

SCAPIN.

De quoi diable te mets-tu en peine?

SILVESTRE.

C'est que je vois que, sans nécessité, tu vas courir risque de t'attirer une venue de coups de bâton.

SCAPIN.

Hé bien! c'est aux dépens de mon dos, et non pas du tien.

SILVESTRE.

Il est vrai que tu es maître de tes épaules, et tu en disposeras comme il te plaira.

SCAPIN.

Ces sortes de périls ne m'ont jamais arrêté; et je hais ces cœurs pusillanimes qui, pour trop prévoir les suites des choses, n'osent rien entreprendre.

ZERBINETTE, à Scapin.

Nous aurons besoin de tes soins.

SCAPIN.

Allez. Je vous irai bientôt rejoindre. Il ne sera pas dit qu'impunément on m'ait mis en état de me trahir moi-même, et de découvrir des secrets qu'il étoit bon qu'on ne sût pas.

SCÈNE II.

GÉRONTE, SCAPIN.

GÉRONTE.

Hé bien, Scapin, comment va l'affaire de mon fils?

SCAPIN.

Votre fils, monsieur, est en lieu de sûreté : mais vous courez maintenant, vous, le péril le plus grand du monde, et je voudrois pour beaucoup que vous fussiez dans votre logis.

GÉRONTE.

Comment donc?

SCAPIN.

A l'heure que je parle, on vous cherche de toutes parts pour vous tuer.

GÉRONTE.

Moi?

SCAPIN.

Oui.

GÉRONTE.

Et qui?

SCAPIN.

Le frère de cette personne qu'Octave a épousée. Il croit que le dessein que vous avez de mettre votre fille à la place que tient sa sœur, est ce qui pousse le plus fort à faire rompre leur mariage; et, dans cette pensée, il a résolu hautement de décharger son désespoir sur vous, et de vous ôter la vie pour venger son honneur. Tous ses amis, gens d'épée comme lui, vous cherchent de tous les côtés, et demandent de vos nouvelles. J'ai vu même de çà et de là des soldats de sa compagnie qui interrogent ceux qu'ils trouvent, et occupent par pelotons toutes les avenues de votre maison; de sorte que vous ne sauriez aller chez vous, vous ne sauriez faire un pas ni à droite ni à gauche, que vous ne tombiez dans leurs mains.

GÉRONTE.

Que ferai-je, mon pauvre Scapin?

SCAPIN.

Je ne sais pas, monsieur; et voici une étrange affaire. Je tremble pour vous depuis les pieds jusqu'à la tête, et... Attendez. (Scapin faisant semblant d'aller voir au fond du théâtre s'il n'y a personne.)

GÉRONTE, en tremblant.

Hé?

SCAPIN.

Non, non, non, ce n'est rien.

GÉRONTE.

Ne saurois-tu trouver quelque moyen pour me tirer de peine?

SCAPIN.

J'en imagine bien un; mais je courrois risque, moi, de me faire assommer.

GÉRONTE.

Hé! Scapin, montre-toi serviteur zélé. Ne m'abandonne pas, je te prie.

SCAPIN.

Je le veux bien. J'ai une tendresse pour vous qui ne sauroit souffrir que je vous laisse sans secours.

GÉRONTE.

Tu en seras récompensé, je t'assure; et je te promets cet habit-ci, quand je l'aurai un peu usé.

SCAPIN.

Attendez. Voici une affaire que j'ai trouvée fort à propos pour vous sauver. Il faut que vous vous mettiez dans ce sac, et que...

GÉRONTE, *croyant voir quelqu'un.*

Ah!

SCAPIN.

Non, non, non, non, ce n'est personne. Il faut, dis-je, que vous vous mettiez là-dedans, et que vous vous gardiez de remuer en aucune façon. Je vous chargerai sur mon dos, comme un paquet de quelque chose; et je vous porterai ainsi, au travers de vos ennemis, jusque dans votre maison, où, quand nous serons une fois, nous pourrons nous barricader, et envoyer quérir main-forte contre la violence.

GÉRONTE.

L'invention est bonne.

SCAPIN.

La meilleure du monde. Vous allez voir. (A part.) Tu me paieras l'imposture.

GÉRONTE.

Hé?

SCAPIN.

Je dis que vos ennemis seront bien attrapés. Mettez-vous bien jusqu'au fond; et surtout prenez garde de ne vous point montrer, et de ne branler pas, quelque chose qui puisse arriver.

GÉRONTE.

Laisse-moi faire, je saurai me tenir.

SCAPIN.

Cachez-vous. Voici un spadassin qui vous cherche. (En contrefaisant sa voix.) *Quoi! jé n'aurai pas l'abantage dé tué cé Géronte? et quelqu'un, par charité, ne m'enseignera pas où il est?* (A Géronte, avec sa voix ordinaire.) Ne branlez pas. *Cadédis, jé lé troubérai, sé cachât-il au centré dé la terre.* (A Géronte, avec son ton naturel.) Ne vous montrez pas. *Oh! l'homme au sac?* Monsieur. *Jé te vaille un louis, et m'enseigne où peut être Géronte.* Vous cherchez le seigneur Géronte? *Oui, mordi, jé lé cherche.* Et pour quelle affaire, monsieur? *Pour quelle affaire?* Oui. *Jé beux, cadédis, lé faire mourir sous les coups de vaton.* Oh! monsieur, les coups de bâton ne se donnent point à des gens comme lui, et ce n'est pas un homme à être traité de la sorte. *Qui? cé fat dé Géronte, cé maraud, cé vélître?* Le seigneur Géronte, monsieur,

ACTE III, SCÈNE II.

n'est ni fat, ni maraud, ni belître; et vous devriez, s'il vous plaît, parler d'autre façon. *Comment! tu mé traites à moi avec cetté hauteur?* Je défends, comme je dois, un homme d'honneur qu'on offense. *Est-ce que tu es des amis dé cé Géronte?* Oui, monsieur, j'en suis. *Ah! cadédis, tu es dé ses amis: à la vonne hure.* (Donnant plusieurs coups de bâton sur le sac.) *Tiens, boilà cé qué jé té vaille pour lui.* (Criant comme s'il recevoit les coups de bâton.) Ah! ah! ah! ah! ah! monsieur! ah! ah! monsieur! tout beau! Ah! doucement! Ah! ah! ah! ah! *Va, porté-lui céla dé ma part. Adiusias.* Ah! diable soit le Gascon! Ah!

GÉRONTE, mettant la tête hors du sac.

Ah! Scapin, je n'en puis plus.

SCAPIN.

Ah! monsieur, je suis tout moulu, et les épaules me font un mal épouvantable.

GÉRONTE.

Comment! c'est sur les miennes qu'il a frappé.

SCAPIN.

Nenni, monsieur; c'étoit sur mon dos qu'il frappoit.

GÉRONTE.

Que veux-tu dire? J'ai bien senti les coups, et les sens bien encore.

SCAPIN.

Non, vous dis-je, ce n'est que le bout du bâton qui a été jusque sur vos épaules.

GÉRONTE.

Tu devois donc te retirer un peu plus loin, pour m'épargner...

SCAPIN, *faisant remettre Géronte dans le sac.*

Prenez garde. En voici un autre qui a la mine d'un étranger. *Parti, moi courir comme une Basque, et moi ne poufre point troufair de tout le jour sti tiable de Géronte?* Cachez-vous bien. *Dites un peu moi, fous, monsieur l'homme, s'il ve plait; fous savoir point où l'est sti Géronte que moi cherchir.* Non, monsieur, je ne sais point où est Géronte. *Dites-moi le, fous, franchemente; moi li fouloir pas grande chose à lui. L'est seulemente pour li donnair une petite régale sur le dos d'une douzaine de coups de bâtonne, et de trois ou quatre petites coups d'épée au trafers de son poitrine.* Je vous assure, monsieur, que je ne sais pas où il est. *Il me semble que ji foi remuer quelque chose dans sti sac.* Pardonnez-moi, monsieur. *Li est assurément quelque histoire là tetans.* Point du tout, monsieur. *Moi l'afoir enfie de tonner ain coup d'épée dans sti sac.* Ah! monsieur, gardez-vous-en bien. *Montre-le moi un peu, fous, ce que c'estre là.* Tout beau, monsieur. *Quement, tout beau!* Vous n'avez que faire de vouloir voir ce que je porte. *Et moi je le fouloir foir, moi.* Vous ne le verrez point. *Ah! que de badinemente!* Ce sont hardes qui m'appartiennent. *Montre-moi, fous, te dis-je.* Je n'en ferai rien. *Toi n'en faire rien?* Non. *Moi pailler de ste bâtonne sur les épaules de toi.* Je me moque de cela. *Ah! toi faire le trôle.* (*Donnant des coups de bâton sur le sac, et criant comme s'il les recevoit.*) Ah! ah! ah! ah! monsieur! Ah! ah! ah! ah! *Jusqu'au refoir; l'être là un petit leçon pour li apprendre à toi à parler insolentemente.* Ah! peste soit du baragouineur! Ah!

ACTE III, SCÈNE II.

GÉRONTE, *sortant sa tête hors du sac.*

Ah ! je suis roué.

SCAPIN.

Ah ! je suis mort.

GÉRONTE.

Pourquoi diantre faut-il qu'ils frappent sur mon dos ?

SCAPIN, *lui remettant la tête dans le sac.*

Prenez garde ; voici une demi-douzaine de soldats tous ensemble. (*Contrefaisant la voix de plusieurs personnes.*) *Allons, tâchons à trouver ce Géronte, cherchons partout. N'épargnons point nos pas. Courons toute la ville. N'oublions aucun lieu. Visitons tout. Furetons de tous les côtés. Par où irons-nous ? Tournons par là. Non, par-ici. A gauche. A droite. Nenni. Si fait.* (A Géronte, avec sa voix ordinaire.) Cachez-vous bien. *Ah ! camarades, voici son valet. Allons, coquin, il faut que tu nous enseignes où est ton maître.* Hé ! messieurs, ne me maltraitez point. *Allons, dis-nous où il est. Parle. Hâte-toi. Expédions. Dépêche vite. Tôt.* Hé ! messieurs, doucement. (Géronte met doucement la tête hors du sac, et aperçoit la fourberie de Scapin.) *Si tu ne nous fais trouver ton maître tout à l'heure, nous allons faire pleuvoir sur toi une ondée de coups de bâton.* J'aime mieux souffrir toute chose que de vous découvrir mon maître. *Nous allons t'assommer.* Faites tout ce qu'il vous plaira. *Tu as envie d'être battu !* Je ne trahirai pas mon maître. *Ah ! tu en veux tâter ! Voilà...* Oh ! (Comme il est près de frapper, Géronte sort du sac, et Scapin s'enfuit.)

GÉRONTE, *seul.*

Ah ! infame ! Ah ! traître ! Ah ! scélérat ! C'est ainsi que tu m'assassines !

SCÈNE III.

ZERBINETTE, GÉRONTE.

ZERBINETTE, riant, sans voir Géronte.

Ah! ah! je veux prendre un peu l'air.

GÉRONTE, à part, sans voir Zerbinette.

Tu me le paieras, je te jure.

ZERBINETTE, sans voir Géronte.

Ah! ah! ah! ah! la plaisante histoire! et la bonne dupe que ce vieillard!

GÉRONTE.

Il n'y a rien de plaisant à cela, et vous n'avez que faire d'en rire.

ZERBINETTE.

Quoi? Que voulez-vous dire, monsieur?

GÉRONTE.

Je veux dire que vous ne devez pas vous moquer de moi.

ZERBINETTE.

De vous?

GÉRONTE.

Oui.

ZERBINETTE.

Comment! Qui songe à se moquer de vous?

GÉRONTE.

Pourquoi venez-vous ici me rire au nez?

ZERBINETTE.

Cela ne vous regarde point, et je ris toute seule d'un

ACTE III, SCÈNE III.

conte qu'on vient de me faire, le plus plaisant qu'on puisse entendre. Je ne sais pas si c'est parce que je suis intéressée dans la chose; mais je n'ai jamais trouvé rien de si drôle qu'un tour qui vient d'être joué par un fils à son père pour en attraper de l'argent.

GÉRONTE.

Par un fils à son père pour en attraper de l'argent?

ZERBINETTE.

Oui. Pour peu que vous me pressiez, vous me trouverez assez disposée à vous dire l'affaire; et j'ai une démangeaison naturelle à faire part des contes que je sais.

GÉRONTE.

Je vous prie de me dire cette histoire.

ZERBINETTE.

Je le veux bien. Je ne risquerai pas grand'chose à vous la dire, et c'est une aventure qui n'est pas pour être long-temps secrète. La destinée a voulu que je me trouvasse parmi une bande de ces personnes qu'on appelle Égyptiens, et qui, rôdant de province en province, se mêlent de dire la bonne fortune, et quelquefois de beaucoup d'autres choses. En arrivant dans cette ville, un jeune homme me vit, et conçut pour moi de l'amour. Dès ce moment, il s'attache à mes pas; et le voilà d'abord comme tous les jeunes gens, qui croient qu'il n'y a qu'à parler, et qu'au moindre mot qu'ils nous disent, leurs affaires sont faites: mais il trouva une fierté qui lui fit un peu corriger ses premières pensées. Il fit connoître sa passion aux gens qui me tenoient, et il les trouva disposés à me laisser à lui, moyennant quelque somme. Mais le mal de l'affaire étoit que mon amant se trouvoit dans l'état où l'on voit très-souvent la plupart des fils de famille, c'est-à-dire qu'il étoit un peu dénué d'argent. Il a un père qui, quoique riche, est un avaricieux fieffé, le plus vilain homme du monde. Attendez. Ne me saurois-je souvenir de son nom? Ah! aidez-moi un peu : ne pouvez-vous me nommer quelqu'un de cette ville qui soit connu pour être avare au dernier point.

GÉRONTE.

Non.

ZERBINETTE.

Il y a à son nom du ron... ronte. O... Oronte. Non. Gé... Géronte. Oui, Géronte, justement ; voilà mon vilain, je l'ai trouvé, c'est ce ladre-là que je dis. Pour venir à notre conte, nos gens ont voulu aujourd'hui partir de cette ville; et mon amant m'alloit perdre, faute d'argent, si, pour en tirer de son père, il n'avoit trouvé du secours dans l'industrie d'un serviteur qu'il a. Pour le nom du serviteur, je le sais à merveille; il s'appelle Scapin : c'est un homme incomparable : et il mérite toutes les louanges que l'on peut donner.

GÉRONTE, à part.

Ah! coquin que tu es!

ZERBINETTE.

Voici le stratagème dont il s'est servi pour attraper sa dupe. Ah! ah! ah! ah! je ne saurois m'en souvenir, que je ne rie de tout mon cœur. Ah! ah! ah! Il est allé trouver ce chien d'avare, ah! ah! ah! et lui a dit qu'en se promenant sur le port avec son fils, hi! hi! ils avoient vu une galère turque, où on les avoit invités d'entrer; qu'un jeune Turc leur y avoit donné la collation ; ah!

ah! ah! que, tandis qu'ils mangeoient, on avoit mis la galère en mer, et que le Turc l'avoit renvoyé lui seul à terre dans un esquif, avec ordre de dire au père de son maître qu'il emmenoit son fils en Alger, s'il ne lui envoyoit tout à l'heure cinq cents écus. Ah! ah! ah! Voilà mon ladre, mon vilain, dans de furieuses angoisses; et la tendresse qu'il a pour son fils, fait un combat étrange avec son avarice. Cinq cents écus qu'on lui demande, sont justement cinq cents coups de poignard qu'on lui donne. Ah! ah! ah! Il ne peut se résoudre à tirer cette somme de ses entrailles; et la peine qu'il souffre, lui fait trouver cent moyens ridicules pour ravoir son fils. Ah! ah! ah! Il veut envoyer la justice en mer après la galère du Turc. Ah! ah! ah! Il sollicite son valet de s'aller offrir à tenir la place de son fils, jusqu'à ce qu'il ait amassé l'argent qu'il n'a pas envie de donner. Ah! ah! ah! Il abandonne, pour faire les cinq cents écus, quatre ou cinq vieux habits qui n'en valent pas trente. Ah! ah! ah! Le valet lui fait comprendre à tous coups l'impertinence de ses propositions, et chaque réflexion est douloureusement accompagnée d'un Mais que diable alloit-il faire dans cette galère? Ah! maudite galère! Traître de Turc! Enfin, après plusieurs détours, après avoir long-temps gémi et soupiré... Mais il me semble que vous ne riez point de mon conte. Qu'en dites-vous?

GÉRONTE.

Je dis que le jeune homme est un pendard, un insolent, qui sera puni par son père du tour qu'il lui a fait; que l'Égyptienne est une malavisée, une impertinente, de dire des injures à un homme d'honneur, qui saura lui apprendre à venir ici débaucher les enfants de famille; et que le valet est un scélérat, qui sera par Géronte envoyé au gibet avant qu'il soit demain.

SCÈNE IV.

ZERBINETTE, SILVESTRE.

SILVESTRE.

Où est-ce donc que vous vous échappez? Savez-vous bien que vous venez de parler là au père de votre amant?

ZERBINETTE.

Je viens de m'en douter, et je me suis adressée à lui-même, sans y penser, pour lui conter son histoire.

SILVESTRE.

Comment, son histoire?

ZERBINETTE.

Oui: j'étois toute remplie du conte, et je brûlois de le redire. Mais qu'importe? Tant pis pour lui. Je ne vois pas que les choses pour nous en puissent être ni pis ni mieux.

SILVESTRE.

Vous aviez grande envie de babiller; et c'est avoir bien de la langue, que de ne pouvoir se taire de ses propres affaires.

ZERBINETTE.

N'auroit-il pas appris cela de quelque autre?

SCÈNE V.

ARGANTE, ZERBINETTE, SILVESTRE.

ARGANTE, *derrière le théâtre.*

Holà, Silvestre.

SILVESTRE, *à Zerbinette.*

Rentrez dans la maison. Voilà mon maître qui m'appelle.

SCÈNE VI.

ARGANTE, SILVESTRE.

ARGANTE.

Vous vous êtes donc accordés, coquins, vous vous êtes accordés, Scapin, vous et mon fils, pour me fourber! et vous croyez que je l'endure.

SILVESTRE.

Ma foi, monsieur, si Scapin vous fourbe, je m'en lave les mains, et vous assure que je n'y trempe en aucune façon.

ARGANTE.

Nous verrons cette affaire, pendard, nous verrons cette affaire; et je ne prétends pas qu'on me fasse passer la plume par le bec.

SCÈNE VII.

GÉRONTE, ARGANTE, SILVESTRE.

GÉRONTE.

Ah! seigneur Argante, vous me voyez accablé de disgrace.

ARGANTE.

Vous me voyez aussi dans un accablement horrible.

GÉRONTE.

Le pendard de Scapin, par une fourberie, m'a attrapé cinq cents écus.

ARGANTE.

Le même pendard de Scapin, par une fourberie aussi, m'a attrapé deux cents pistoles.

GÉRONTE.

Il ne s'est pas contenté de m'attraper cinq cents écus, il m'a traité d'une manière que j'ai honte de dire. Mais il me la paiera.

ARGANTE.

Je veux qu'il me fasse raison de la pièce qu'il m'a jouée.

GÉRONTE.

Et je prétends faire de lui une vengeance exemplaire.

SILVESTRE, à part.

Plaise au ciel que, dans tout ceci, je n'aie point ma part!

GÉRONTE.

Mais ce n'est pas encore tout, seigneur Argante, et

un malheur nous est toujours l'avant-coureur d'un autre. Je me réjouissois aujourd'hui de l'espérance d'avoir ma fille, dont je faisois toute ma consolation; et je viens d'apprendre de mon homme qu'elle est partie il y a long-temps de Tarente, et qu'on y croit qu'elle a péri dans le vaisseau où elle s'embarqua.

ARGANTE.

Mais pourquoi, s'il vous plaît, la tenir à Tarente, et ne vous être pas donné la joie de l'avoir avec vous ?

GÉRONTE.

J'ai eu mes raisons pour cela ; et des intérêts de famille m'ont obligé jusqu'ici à tenir fort secret ce second mariage. Mais que vois-je ?

SCÈNE VIII.

ARGANTE, GÉRONTE, NÉRINE, SILVESTRE.

GÉRONTE.

Ah! te voilà, nourrice.

NÉRINE, *se jetant aux genoux de Géronte.*

Ah! seigneur Pandolphe, que...

GÉRONTE.

Appelle-moi Géronte, et ne te sers plus de ce nom : les raisons ont cessé qui m'avoient obligé à le prendre parmi vous à Tarente.

NÉRINE.

Las! que ce changement de nom nous a causé de troubles et d'inquiétudes dans les soins que nous avons pris de vous venir chercher ici!

GÉRONTE.

Où est ma fille et sa mère?

NÉRINE.

Votre fille, monsieur, n'est pas loin d'ici; mais, avant que de vous la faire voir, il faut que je vous demande pardon de l'avoir mariée, dans l'abandonnement où, faute de vous rencontrer, je me suis trouvée avec elle.

GÉRONTE.

Ma fille mariée!

NÉRINE.

Oui, monsieur.

GÉRONTE.

Et avec qui?

NÉRINE.

Avec un jeune homme nommé Octave, fils d'un certain seigneur Argante.

GÉRONTE.

O ciel!

ARGANTE.

Quelle rencontre!

GÉRONTE.

Mène-nous, mène-nous promptement où elle est.

NÉRINE.

Vous n'avez qu'à entrer dans ce logis.

GÉRONTE.

Passe devant. Suivez-moi, suivez-moi, seigneur Argante.

SILVESTRE, seul.

Voilà une aventure qui est tout-à-fait surprenante.

SCÈNE IX.

SCAPIN, SILVESTRE.

SCAPIN.

Hé bien! Silvestre, que font nos gens?

SILVESTRE.

J'ai deux avis à te donner. L'un, que l'affaire d'Octave est accommodée : notre Hyacinthe s'est trouvée la fille du seigneur Géronte; et le hasard a fait ce que la prudence des pères avoit délibéré. L'autre avis, c'est que les deux vieillards font contre toi des menaces épouvantables, et surtout le seigneur Géronte.

SCAPIN.

Cela n'est rien. Les menaces ne m'ont jamais fait mal : et ce sont des nuées qui passent bien loin sur nos têtes.

SILVESTRE.

Prends garde à toi; les fils se pourroient bien raccommoder avec les pères, et toi demeurer dans la nasse.

SCAPIN.

Laisse-moi faire, je trouverai moyen d'apaiser leur courroux; et...

SILVESTRE.

Retire-toi; les voilà qui sortent.

SCÈNE X.

GÉRONTE, ARGANTE, HYACINTHE, ZERBINETTE, NÉRINE, SILVESTRE.

GÉRONTE.

Allons, ma fille, venez chez moi. Ma joie auroit été parfaite si j'avois pu voir votre mère avec vous.

ARGANTE.

Voici Octave tout à propos.

SCÈNE XI.

ARGANTE, GÉRONTE, OCTAVE, HYACINTHE, ZERBINETTE, NÉRINE, SILVESTRE.

ARGANTE.

Venez, mon fils, venez vous réjouir avec nous de l'heureuse aventure de votre mariage. Le ciel...

OCTAVE.

Non, mon père, toutes vos propositions de mariage ne serviront de rien. Je dois lever le masque avec vous, et l'on vous a dit mon engagement.

ARGANTE.

Oui. Mais tu ne sais pas...

OCTAVE.

Je sais tout ce qu'il faut savoir.

ARGANTE.

Je te veux dire que la fille du seigneur Géronte...

ACTE III, SCÈNE IX.

OCTAVE.

La fille du seigneur Géronte ne me sera jamais de rien.

GÉRONTE.

C'est elle...

OCTAVE, à Géronte.

Non, monsieur, je vous demande pardon : mes résolutions sont prises.

SILVESTRE, à Octave.

Écoutez.

OCTAVE.

Non, tais-toi, je n'écoute rien.

ARGANTE, à Octave.

Ta femme...

OCTAVE.

Non, vous dis-je, mon père; je mourrai plutôt que de quitter mon aimable Hyacinthe. Oui, vous avez beau faire, la voilà celle à qui ma foi (traversant le théâtre pour se mettre à côté d'Hyacinthe) est engagée ; je l'aimerai toute ma vie, et je ne veux point d'autre femme.

ARGANTE.

Hé bien! c'est elle qu'on te donne. Quel diable d'étourdi qui suit toujours sa pointe !

HYACINTHE, montrant Géronte.

Oui, Octave, voilà mon père que j'ai trouvé; et nous nous voyons hors de peine.

GÉRONTE.

Allons chez moi, nous serons mieux qu'ici pour nous entretenir.

HYACINTHE, montrant Zerbinette.

Ah! mon père, je vous demande par grace que je ne

sois point séparée de l'aimable personne que vous voyez. Elle a un mérite qui vous fera concevoir de l'estime pour elle, quand il sera connu de vous.

GÉRONTE.

Tu veux que je tienne chez moi une personne qui est aimée de ton frère, et qui m'a dit tantôt au nez mille sottises de moi-même?

ZERBINETTE.

Monsieur, je vous prie de m'excuser. Je n'aurois pas parlé de la sorte, si j'avois su que c'étoit vous; et je ne vous connoissois que de réputation.

GÉRONTE.

Comment! que de réputation?

HYACINTHE.

Mon père, la passion que mon frère a pour elle n'a rien de criminel, et je réponds de sa vertu.

GÉRONTE.

Voilà qui est fort bien. Ne voudroit-on point que je mariasse mon fils avec elle? une fille inconnue, qui fait le métier de coureuse.

SCÈNE XII.

ARGANTE, GÉRONTE, LÉANDRE, OCTAVE, HYACINTHE, ZERBINETTE, NÉRINE, SILVESTRE..

LÉANDRE.

Mon père, ne vous plaignez point que j'aime une inconnue sans naissance et sans bien. Ceux de qui je l'ai rachetée, viennent de me découvrir qu'elle est de cette ville, et d'honnête famille; et que ce sont eux qui l'y ont dérobée à l'âge de quatre ans : et voici un bracelet qu'ils m'ont donné, qui pourra nous aider à trouver ses parents.

ARGANTE.

Hélas! à voir ce bracelet, c'est ma fille que je perdis à l'âge que vous dites.

GÉRONTE.

Votre fille?

ARGANTE.

Oui, ce l'est : et j'y vois tous les traits qui m'en peuvent rendre assuré.

HYACINTHE.

O ciel! que d'aventures extraordinaires.

SCÈNE XIII.

ARGANTE, GÉRONTE, LÉANDRE, OCTAVE, HYACINTHE, ZERBINETTE, NÉRINE, SILVESTRE, CARLE.

CARLE.

Ah! messieurs, il vient d'arriver un accident étrange.

GÉRONTE.

Quoi?

CARLE.

Le pauvre Scapin...

GÉRONTE.

C'est un coquin que je veux faire pendre.

CARLE.

Hélas! monsieur, vous ne serez pas en peine de cela. En passant contre un bâtiment, il lui est tombé sur la tête un marteau de tailleur de pierre, qui lui a brisé l'os et découvert toute la cervelle. Il se meurt, et il a prié qu'on l'apportât ici pour vous pouvoir parler avant que de mourir.

ARGANTE.

Où est-il?

CARLE.

Le voilà.

SCÈNE XIV.

ARGANTE, GÉRONTE, LÉANDRE, OCTAVE, HYACINTHE, ZERBINETTE, NÉRINE, SCAPIN, SILVESTRE, CARLE.

SCAPIN, *apporté par deux hommes, et la tête entourée de linge, comme s'il avoit été blessé.*

Ah! ah! messieurs, vous me voyez... ah! vous me voyez dans un étrange état!... Ah! je n'ai pas voulu mourir sans venir demander pardon à toutes les personnes que je puis avoir offensées. Ah! oui, messieurs, avant que de rendre le dernier soupir, je vous conjure de tout mon cœur de vouloir me pardonner tout ce que je puis vous avoir fait, et principalement le seigneur Argante et le seigneur Géronte. Ah!

ARGANTE.

Pour moi, je te pardonne; va, meurs en repos.

ACTE III, SCÈNE XIV.

SCAPIN, à Géronte.

C'est vous, monsieur, que j'ai le plus offensé par les coups de bâton que...

GÉRONTE.

Ne parle point davantage, je te pardonne aussi.

SCAPIN.

C'a été une témérité bien grande à moi, que les coups de bâton que je...

GÉRONTE.

Laissons cela.

SCAPIN.

J'ai, en mourant, une douleur inconcevable des coups de bâton que...

GÉRONTE.

Mon dieu ! tais-toi.

SCAPIN.

Les malheureux coups de bâton que je vous...

GÉRONTE.

Tais-toi, te dis-je ; j'oublie tout.

SCAPIN.

Hélas ! quelle bonté ! mais est-ce de bon cœur, monsieur, que vous me pardonnez ces coups de bâton que...

GÉRONTE.

Hé ! oui. Ne parlons plus de rien ; je te pardonne tout, voilà qui est fait.

SCAPIN.

Ah ! monsieur, je me sens tout soulagé depuis cette parole.

GÉRONTE.

Oui, mais je te pardonne à la charge que tu mourras.

SCAPIN.

Comment, monsieur?

GÉRONTE.

Je me dédis de ma parole, si tu te réchappes.

SCAPIN.

Ah! ah! voilà mes foiblesses qui me reprennent.

ARGANTE.

Seigneur Géronte, en faveur de notre joie, il faut lui pardonner sans condition.

GÉRONTE.

Soit.

ARGANTE.

Allons souper ensemble, pour mieux goûter notre plaisir.

SCAPIN.

Et moi, qu'on me porte au bout de la table, en attendant que je meure.

FIN DES FOURBERIES DE SCAPIN.

PSYCHÉ,

TRAGI-COMÉDIE-BALLET

EN CINQ ACTES ET EN VERS LIBRES,

PAR MOLIÈRE ET P. CORNEILLE,

Représentée aux Tuileries, pendant le carnaval de l'année 1670; et sur le théâtre du Palais-Royal, le 11 novembre de la même année.

PERSONNAGES DU PROLOGUE.

FLORE.
VERTUMNE, dieu des jardins.
PALÉMON, dieu des eaux.
VÉNUS.
L'AMOUR.
ÉGIALE, Grace.
PHAENNE, Grace.
NYMPHES de la suite de Flore, chantantes.
DRYADES et SYLVAINS de la suite de Vertumne, dansants.
SYLVAINS chantants.
DIEUX DES FLEUVES de la suite de Palémon, dansants.
DIEUX DES FLEUVES chantants.
NAIADES.
AMOURS de la suite de Vénus, dansants.

PERSONNAGES DE LA TRAGI-COMÉDIE.

JUPITER.
VÉNUS.
L'AMOUR.
ZÉPHYRE.
ÉGIALE, Grace.
PHAENNE, Grace.
LE ROI, père de Psyché.
PSYCHÉ.

PERSONNAGES.

AGLAURE, sœur de Psyché.
CYDIPPE, sœur de Psyché.
CLÉOMÈNE, prince, amant de Psyché.
AGÉNOR, prince, amant de Psyché.
LYCAS, capitaine des gardes.
DEUX AMOURS.
LE DIEU D'UN FLEUVE.
SUITE DU ROI.

PERSONNAGES DES INTERMÈDES.

PREMIER INTERMÈDE.

FEMME DÉSOLÉE chantante.
DEUX HOMMES AFFLIGÉS chantants.
HOMMES AFFLIGÉS dansants.
FEMMES DÉSOLÉES dansantes.

DEUXIÈME INTERMÈDE.

VULCAIN.
CYCLOPES dansants.
FÉES dansantes.

TROISIÈME INTERMÈDE.

UN ZÉPHYRE chantant.
DEUX AMOURS chantants.
ZÉPHYRES dansants.
AMOURS dansants.

QUATRIÈME INTERMÈDE.

FURIES dansantes.
LUTINS faisant des sauts périlleux.

CINQUIÈME INTERMÈDE.

NOCES DE L'AMOUR ET DE PSYCHÉ.

APOLLON.
LES MUSES chantantes.
ARTS, travestis en bergers galants, dansants.
BACCHUS.
SILÈNE.
DEUX SATYRES chantants.
DEUX SATYRES voltigeants.
ÉGIPANS dansants.
MÉNADES dansantes.
MOME.
POLICHINELLES dansants.
MATASSINS dansants.
MARS.
GUERRIERS portant des enseignes.
GUERRIERS portant des piques.
GUERRIERS portant des masses et des boucliers.
CHOEUR de divinités célestes.

PROLOGUE.

SCÈNE I.

Le théâtre représente, sur le devant, un lieu champêtre, et la mer dans le fond.

FLORE, VERTUMNE, PALÉMON, NYMPHES DE FLORE, DRYADES, SYLVAINS, FLEUVES, NAIADES.

(On voit des nuages suspendus en l'air, qui, en descendant, roulent, s'ouvrent, s'étendent, et, répandus dans toute la largeur du théâtre, laissent voir Vénus et l'Amour accompagnés de six Amours, et à leurs côtés Égiale et Phaenne.)

FLORE.

Ce n'est plus le temps de la guerre ;
   Le plus puissant des rois
   Interrompt ses exploits
Pour donner la paix à la terre.
Descendez, mère des Amours ;
Venez nous donner de beaux jours.

CHOEUR des divinités de la terre et des eaux.

Nous goûtons une paix profonde ;
Les plus doux jeux sont ici-bas.
On doit ce repos plein d'appas
   Au plus grand roi du monde.

Descendez, mère des Amours ;
Venez nous donner de beaux jours.

PREMIÈRE ENTRÉE DE BALLET.

(Les dryades, les sylvains, les dieux des fleuves et les naïades, se réunissent, et dansent à l'honneur de Vénus.)

VERTUMNE.

Rendez-vous, beautés cruelles ;
Soupirez à votre tour.

PALÉMON.

Voici la reine des belles,
Qui vient inspirer l'amour.

VERTUMNE.

Un bel objet toujours sévère
Ne se fait jamais bien aimer.

PALÉMON.

C'est la beauté qui commence de plaire ;
Mais la douceur achève de charmer.

TOUS DEUX ENSEMBLE.

C'est la beauté qui commence de plaire ;
Mais la douceur achève de charmer.

VERTUMNE.

Souffrons tous qu'Amour nous blesse ;
Languissons, puisqu'il le faut.

PALÉMON.

Que sert un cœur sans tendresse ?
Est-il un plus grand défaut ?

VERTUMNE.

Un bel objet toujours sévère
Ne se fait jamais bien aimer.

PROLOGUE.

PALÉMON.

C'est la beauté qui commence de plaire ;
Mais la douceur achève de charmer.

TOUS DEUX ENSEMBLE.

C'est la beauté qui commence de plaire ;
Mais la douceur achève de charmer.

FLORE.

Est-on sage
Dans le bel âge,
Est-on sage
De n'aimer pas ?
Que sans cesse
L'on se presse
De goûter les plaisirs ici-bas.
La sagesse
De la jeunesse,
C'est de savoir jouir de ses appas.

DEUXIÈME ENTRÉE DE BALLET.

(Les divinités de la terre et des eaux mêlent leurs danses aux chants de Flore.)

FLORE.

L'Amour charme
Ceux qu'il désarme ;
L'Amour charme,
Cédons-lui tous.
Notre peine
Seroit veine
De vouloir résister à ses coups.

Quelque chaîne
Qu'un amant prenne,
La liberté n'a rien qui soit si doux.

CHŒUR des divinités de la terre et des eaux.

Nous goûtons une paix profonde ;
Les plus doux jeux sont ici-bas.
On doit ce repos plein d'appas
Au plus grand roi du monde.
Descendez, mère des Amours ;
Venez nous donner de beaux jours.

TROISIÈME ENTRÉE DE BALLET.

(Les dryades, les sylvains, les dieux des fleuves et les naïades, voyant approcher Vénus, continuent d'exprimer par leurs danses la joie que leur inspire sa présence.)

VÉNUS, dans sa machine.

Cessez, cessez pour moi tous vos chants d'allégresse,
De si rares honneurs ne m'appartiennent pas ;
Et l'hommage qu'ici votre bonté m'adresse
Doit être réservé pour de plus doux appas.
C'est une trop vieille méthode
De me venir faire sa cour ;
Toutes les choses ont leur tour,
Et Vénus n'est plus à la mode ;
Il est d'autres attraits naissants
Où l'on va porter ses encens.
Psyché, Psyché la belle, aujourd'hui tient ma place ;
Déja tout l'univers s'empresse à l'adorer ;
Et c'est trop que, dans ma disgrace,
Je trouve encor quelqu'un qui me daigne honorer.

On ne balance point entre nos deux mérites :
A quitter mon parti tout s'est licencié ;
Et, du nombreux amas des Graces favorites
Dont je traînois partout les soins et l'amitié,
Il ne m'en est resté que deux des plus petites,
 Qui m'accompagnent par pitié.
 Souffrez que ces demeures sombres
Prêtent leur solitude aux troubles de mon cœur ;
 Et me laissez, parmi leurs ombres,
 Cacher ma honte et ma douleur.

(Flore et les autres déités se retirent ; et Vénus, avec sa suite, sort de sa machine.)

SCÈNE II.

VÉNUS, descendue sur la terre ; L'AMOUR, ÉGIALE, PHAENNE, AMOURS.

ÉGIALE.

Nous ne savons, déesse, comment faire
Dans ce chagrin qu'on voit vous accabler :
 Notre respect veut se taire,
 Notre zèle veut parler.

VÉNUS.

Parlez ; mais si vos soins aspirent à me plaire,
Laissez tous vos conseils pour une autre saison,
 Et ne parlez de ma colère
 Que pour dire que j'ai raison.
C'étoit là, c'étoit là la plus sensible offense
Que ma divinité pût jamais recevoir ;
 Mais j'en aurai la vengeance,

PROLOGUE.

Si les dieux ont du pouvoir.

PHAENNE.

Vous avez plus que nous de clarté, de sagesse,
Pour juger ce qui peut être digne de vous ;
Mais, pour moi, j'aurois cru qu'une grande déesse
　　Devroit moins se mettre en courroux.

VÉNUS.

Et c'est là la raison de ce courroux extrême.
Plus mon rang a d'éclat, plus l'affront est sanglant ;
Et, si je n'étois pas dans ce degré suprême,
Le dépit de mon cœur seroit moins violent.
Moi, la fille du dieu qui lance le tonnerre ;
　　Mère du dieu qui fait aimer ;
Moi, les plus doux souhaits du ciel et de la terre ;
Et qui ne suis venue au jour que pour charmer ;
　　Moi, qui partout ce qui respire
Ai vu de tant de vœux encenser mes autels,
Et qui de la beauté, par des droits immortels,
Ai tenu de tout temps le souverain empire ;
Moi, dont les yeux ont mis deux grandes déités
Au point de me céder le prix de la plus belle,
Je me vois ma victoire et mes droits disputés
　　Par une chétive mortelle !
Le ridicule excès d'un fol entêtement
Va jusqu'à m'opposer une petite fille !
Sur ses traits et les miens j'essuirai constamment
　　Un téméraire jugement ;
　　Et, du haut des cieux, où je brille,
J'entendrai prononcer aux mortels prévenus :
　　Elle est plus belle que Vénus !

ÉGIALE.

Voilà comme l'on fait ; c'est le style des hommes :

Ils sont impertinents dans leurs comparaisons.

PHAENNE.

Ils ne sauroient louer, dans le siècle où nous sommes,
 Qu'ils n'outragent les plus grands noms.

VÉNUS.

Ah! que de ces trois mots la rigueur insolente
 Venge bien Junon et Pallas,
Et console leurs cœurs de la gloire éclatante
Que la fameuse pomme acquit à mes appas!
Je les vois s'applaudir de mon inquiétude,
Affecter à toute heure un ris malicieux,
Et, d'un fixe regard, chercher avec étude
 Ma confusion dans mes yeux.
Leur triomphante joie, au fort d'un tel outrage,
Semble me venir dire, insultant mon courroux:
Vante, vante, Vénus, les traits de ton visage:
Au jugement d'un seul tu l'emportas sur nous;
 Mais, par le jugement de tous,
Une simple mortelle a sur toi l'avantage.
Ah! ce coup-là m'achève; il me perce le cœur:
Je n'en puis plus souffrir les rigueurs sans égales;
Et c'est trop de surcroît à ma vive douleur,
 Que le plaisir de mes rivales.
Mon fils, si j'eus jamais sur toi quelque crédit,
 Et si jamais je te fus chère,
Si tu portes un cœur à sentir le dépit
 Qui trouble le cœur d'une mère
 Qui si tendrement te chérit,
Emploie, emploie ici l'effort de ta puissance
 A soutenir mes intérêts;
 Et fais à Psyché, par tes traits,
 Sentir les traits de ma vengeance.

Pour rendre son cœur malheureux,
Prends celui de tes traits le plus propre à me plaire,
Le plus empoisonné de ceux
Que tu lances dans ta colère.
Du plus bas, du plus vil, du plus affreux mortel,
Fais que jusqu'à la rage elle soit enflammée,
Et qu'elle ait à souffrir le supplice cruel
D'aimer, et n'être point aimée.

L'AMOUR.

Dans le monde on n'entend que plaintes de l'Amour ;
On m'impute partout mille fautes commises ;
Et vous ne croiriez point le mal et les sottises
Que l'on dit de moi chaque jour.
Si pour servir votre colère...

VÉNUS.

Va, ne résiste point aux souhaits de ta mère ;
N'applique tes raisonnements
Qu'à chercher les plus prompts moments
De faire un sacrifice à ma gloire outragée.
Pars, pour toute réponse à mes empressements ;
Et ne me revois point que je ne sois vengée.

(L'Amour s'envole.)

FIN DU PROLOGUE.

PSYCHÉ.

ACTE PREMIER.

Le théâtre représente le palais du roi.

SCENE I.

AGLAURE, CYDIPPE.

AGLAURE.

Il est des maux, ma sœur, que le silence aigrit :
Laissons, laissons parler mon chagrin et le vôtre ;
  Et de nos cœurs l'une à l'autre
  Exhalons le cuisant dépit.
  Nous nous voyons sœurs d'infortune ;
Et la vôtre et la mienne ont un si grand rapport,
Que nous pouvons mêler toutes les deux en une,
  Et dans notre juste transport,
  Murmurer à plainte commune
  Des cruautés de notre sort.
  Quelle fatalité secrette,
  Ma sœur, soumet tont l'univers
  Aux attraits de notre cadette,
  Et, de tant de princes divers
  Qu'en ces lieux la fortune jette,
  N'en présente aucun à nos fers?

Quoi ! voir de toutes parts, pour lui rendre les armes,
    Les cœurs se précipiter,
    Et passer devant nos charmes
    Sans s'y vouloir arrêter !
  Quel sort ont nos yeux en partage,
    Et qu'est-ce qu'ils ont fait aux dieux,
    De ne jouir d'aucun hommage
Parmi tous ces tributs de soupirs glorieux
    Dont le superbe avantage
    Fait triompher d'autres yeux ?
Est-il pour nous, ma sœur, de plus rude disgrace
Que de voir tous les cœurs mépriser nos appas,
Et l'heureuse Psyché jouir avec audace
D'une foule d'amants attachés à ses pas ?

        CYDIPPE.

    Ah ! ma sœur, c'est une aventure
    A faire perdre la raison ;
    Et tous les maux de la nature
    Ne sont rien en comparaison.

        AGLAURE.

Pour moi, j'en suis souvent jusqu'à verser des larmes.
Tout plaisir, tout repos, par-là m'est arraché ;
Contre un pareil malheur ma constance est sans armes.
Toujours à ce chagrin mon esprit attaché
Me tient devant les yeux la honte de nos charmes,
    Et le triomphe de Psyché.
La nuit, il m'en repasse une idée éternelle
    Qui sur toute chose prévaut :
Rien ne me peut chasser cette image cruelle ;
Et, dès qu'un doux sommeil me vient délivrer d'elle,

ACTE I, SCÈNE I.

Dans mon esprit aussitôt
Quelque songe la rappelle
Qui me réveille en sursaut.

CYDIPPE.

Ma sœur, voilà mon martyre.
Dans vos discours je me voi;
Et vous venez là de dire
Tout ce qui se passe en moi.

AGLAURE.

Mais encor, raisonnons un peu sur cette affaire.
Quels charmes si puissants en elle sont épars?
Et par où, dites-moi, du grand secret de plaire
L'honneur est-il acquis à ses moindres regards?

Que voit-on dans sa personne
Pour inspirer tant d'ardeurs?
Quel droit de beauté lui donne
L'empire de tous les cœurs?

Elle a quelques attraits, quelque éclat de jeunesse,
On en tombe d'accord, je n'en disconviens pas :
Mais lui cède-t-on fort pour quelque peu d'aînesse,
Et se voit-on sans appas?
Est-on d'une figure à faire qu'on se raille?
N'a-t-on point quelques traits et quelques agréments,
Quelque teint, quelques yeux, quelque air et quelque
    taille,
A pouvoir dans nos fers jeter quelques amants?

Ma sœur, faites-moi la grace
De me parler franchement :
Suis-je faite d'un air à votre jugement,
Que mon mérite au sien doive céder la place?

Et dans quelque ajustement
Trouvez-vous qu'elle m'efface ?

CYDIPPE.

Qui ? vous, ma sœur ? Nullement.
Hier à la chasse, près d'elle,
Je vous regardai long-temps :
Et sans vous donner d'encens,
Vous me parûtes plus belle.
Mais, moi, dites, ma sœur, sans me vouloir flatter,
Sont-ce des visions que je me mets en tête,
Quand je me crois taillée à pouvoir mériter
La gloire de quelque conquête ?

AGLAURE.

Vous, ma sœur ? Vous avez, sans nul déguisement,
Tout ce qui peut causer une amoureuse flamme.
Vos moindres actions brillent d'un agrément
Dont je me sens toucher l'ame ;
Et je serois votre amant,
Si j'étois autre que femme.

CYDIPPE.

D'où vient donc qu'on la voit l'emporter sur nous deux,
Qu'à ses premiers regards les cœurs rendent les armes,
Et que d'aucun tribut de soupirs et de vœux
On ne fait honneur à nos charmes ?

AGLAURE.

Toutes les dames, d'une voix,
Trouvent ses attraits peu de chose ;
Et du nombre d'amants qu'elle tient sous ses lois,
Ma sœur, j'ai découvert la cause.

CYDIPPE.

Pour moi, je la devine ; et l'on doit présumer

Qu'il faut que là-dessous soit caché du mystère.
　　Ce secret de tout enflammer
N'est point de la nature un effet ordinaire :
L'art de la Thessalie entre dans cette affaire ;
Et quelque main a su, sans doute, lui former
　　Un charme pour se faire aimer.

AGLAURE.

Sur un plus fort appui ma croyance se fonde ;
Et le charme qu'elle a pour attirer les cœurs,
C'est un air en tout temps désarmé de rigueurs,
Des regards caressants que la bouche seconde,
　　Un souris chargé de douceurs,
　　Qui tend les bras à tout le monde,
　　Et ne vous promet que faveurs.
Notre gloire n'est plus aujourd'hui conservée,
Et l'on n'est plus au temps de ces nobles fiertés
Qui, par un digne essai d'illustres cruautés,
Vouloient voir d'un amant la constance éprouvée.
De tout ce noble orgueil, qui nous seyoit si bien,
On est bien descendu dans le siècle où nous sommes ;
Et l'on en est réduit à n'espérer plus rien,
A moins que l'on se jette à la tête des hommes.

CYDIPPE.

Oui, voilà le secret de l'affaire ; et je voi
　　Que vous le prenez mieux que moi.
C'est pour nous attacher à trop de bienséance,
Qu'aucun amant, ma sœur, à nous ne veut venir ;
　　Et nous voulons trop soutenir
L'honneur de notre sexe et de notre naissance.
Les hommes maintenant aiment ce qui leur rit ;

L'espoir, plus que l'amour, est ce qui les attire ;
 Et c'est par-là que Psyché nous ravit
 Tous les amants qu'on voit sous son empire.
Suivons, suivons l'exemple ; ajustons-nous au temps :
Abaissons-nous, ma sœur, à faire des avances ;
Et ne ménageons plus de tristes bienséances
Qui nous ôtent les fruits du plus beau de nos ans.

AGLAURE.

J'approuve la pensée ; et nous avons matière
 D'en faire l'épreuve première
Aux deux princes qui sont les derniers arrivés.
Ils sont charmants, ma sœur ; et leur personne entière
 Me... Les avez-vous observés ?

CYDIPPE.

Ah! ma sœur, ils sont faits tous deux d'une manière
Que mon ame... Ce sont deux princes achevés..

AGLAURE.

Je trouve qu'on pourroit rechercher leur tendresse
 Sans se faire déshonneur.

CYDIPPE

Je trouve que, sans honte, une belle princesse
 Leur pourroit donner son cœur.

AGLAURE.

 Les voici tous deux : et j'admire
 Leur air et leur ajustement.

CYDIPPE.

 Ils ne démentent nullement
 Tout ce que nous venons de dire.

SCÈNE II.

CLÉOMÈNE, AGÉNOR, AGLAURE, CYDIPPE.

AGLAURE.

D'où vient, prince, d'où vient que vous fuyez ainsi ?
Prenez-vous l'épouvante en nous voyant paroître?

CLÉOMÈNE.

On nous faisoit croire qu'ici
La princesse Psyché, madame, pourroit être.

AGLAURE.

Tous ces lieux n'ont-ils rien d'agréable pour vous,
Si vous ne les voyez ornés de sa présence?

AGÉNOR.

Ces lieux peuvent avoir des charmes assez doux;
Mais nous cherchons Psyché dans notre impatience.

CYDIPPE.

Quelque chose de bien pressant
Vous doit à la chercher pousser tous deux, sans doute.

CLÉOMÈNE.

Le motif est assez puissant,
Puisque notre fortune enfin en dépend toute.

AGLAURE.

Ce seroit trop à nous que de nous informer
Du secret que ces mots nous peuvent enfermer.

CLÉOMÈNE.

Nous ne prétendons point en faire de mystère:
Aussi bien, malgré nous, paroîtroit-il au jour;
Et le secret ne dure guère,
Madame, quand c'est de l'amour.

CYDIPPE.

Sans aller plus avant, princes, cela veut dire
  Que vous aimez Psyché tous deux.

AGÉNOR.

  Tous deux soumis à son empire,
Nous allons de concert lui découvrir nos feux.

AGLAURE.

C'est une nouveauté, sans doute, assez bizarre,
  Que deux rivaux si bien unis.

CLÉOMÈNE.

  Il est vrai que la chose est rare,
Mais non pas impossible à deux parfaits amis.

CYDIPPE.

Est-ce que dans ces lieux il n'est qu'elle de belle?
Et n'y trouvez-vous point à séparer vos vœux?

AGLAURE.

Parmi l'éclat du sang, vos yeux n'ont-ils vu qu'elle
  A pouvoir mériter vos feux?

CLÉOMÈNE.

Est-ce que l'on consulte au moment qu'on s'enflamme?
  Choisit-on qui l'on veut aimer?
  Et, pour donner toute son ame,
Regarde-t-on quel droit on a de nous charmer?

AGÉNOR.

  Sans qu'on ait le pouvoir d'élire,
  On suit dans une telle ardeur
  Quelque chose qui nous attire;
  Et lorsque l'amour touche un cœur,
  On n'a point de raison à dire.

AGLAURE.

En vérité, je plains les fâcheux embarras

Où je vois que vos cœurs se mettent.
Vous aimez un objet dont les riants appas
Mêleront des chagrins à l'espoir qu'ils vous jettent ;
Et son cœur ne vous tiendra pas
Tout ce que ses yeux vous promettent.

CYDIPPE.

L'espoir qui vous appelle au rang de ses amants,
Trouvera du mécompte aux douceurs qu'elle étale ;
Et c'est pour essuyer de très-fâcheux moments,
Que les soudains retours de son ame inégale.

AGLAURE.

Un clair discernement de ce que vous valez
Nous fait plaindre le sort où cet amour vous guide ;
Et vous pouvez trouver tous deux, si vous voulez,
Avec autant d'attraits, une ame plus solide.

CYDIPPE.

Par un choix plus doux de moitié,
Vous pouvez de l'amour sauver votre amitié ;
Et l'on voit en vous deux un mérite si rare,
Qu'un tendre avis veut bien prévenir, par pitié,
Ce que votre cœur se prépare.

CLÉOMÈNE.

Cet avis généreux fait pour nous éclater
Des bontés qui nous touchent l'ame ;
Mais le ciel nous réduit à ce malheur, madame,
De ne pouvoir en profiter.

AGÉNOR.

Votre illustre pitié veut en vain nous distraire
D'un amour dont tous deux nous redoutons l'effet ;
Ce que notre amitié, madame, n'a pas fait,

Il n'est rien qui le puisse faire.
CYDIPPE.
Il faut que le pouvoir de Psyché... La voici.

SCÈNE III.

PSYCHÉ, CYDIPPE, AGLAURE, CLÉOMÈNE, AGÉNOR.

CYDIPPE.
Venez jouir, ma sœur, de ce qu'on vous apprête.
AGLAURE.
Préparez vos attraits à recevoir ici
Le triomphe nouveau d'une illustre conquête.
CYDIPPE.
Ces princes ont tous deux si bien senti vos coups,
Qu'à vous le découvrir leur bouche se dispose.
PSYCHÉ.
Du sujet qui les tient si rêveurs parmi nous
Je ne me croyois pas la cause;
Et j'aurois cru toute autre chose,
En les voyant parler à vous.
AGLAURE.
N'ayant ni beauté ni naissance
A pouvoir mériter leur amour et leurs soins,
Ils nous favorisent au moins
De l'honneur de la confidence.
CLÉOMÈNE, à Psyché.
L'aveu qu'il nous faut faire à vos divins appas
Est sans doute, madame, un aveu téméraire;

Mais tant de cœurs, près du trépas,
Sont, par de tels aveux, forcés à vous déplaire,
Que vous êtes réduite à ne les punir pas
　　Des foudres de votre colère.
　　Vous voyez en nous deux amis
Qu'un doux rapport d'humeurs sut joindre dès l'enfance;
Et ses tendres liens se sont vus affermis
Par cent combats d'estime et de reconnoissance.
Du destin ennemi les assauts rigoureux,
Les mépris de la mort et l'aspect des supplices,
Par d'illustres éclats de mutuels offices,
Ont de notre amitié signalé les beaux nœuds :
Mais, à quelques essais qu'elle se soit trouvée,
　　Son grand triomphe est en ce jour;
Et rien ne fait tant voir sa constance éprouvée,
Que de se conserver au milieu de l'amour.
Oui, malgré tant d'appas, son illustre constance
Aux lois qu'elle nous fait a soumis tous nos vœux ;
Elle vient, d'une douce et pleine déférence,
Remettre à votre choix le succès de nos feux ;
Et, pour donner un poids à notre concurrence,
Qui des raisons d'État entraîne la balance
　　Sur le choix de l'un de nous deux,
Cette même amitié s'offre sans répugnance
D'unir nos deux États au sort du plus heureux.

AGÉNOR.

Oui, de ces deux États, madame,
Que sur votre heureux choix nous nous offrons d'unir,
　　Nous voulons faire à notre flamme
　　Un secours pour vous obtenir.

Ce que, pour ce bonheur, près du roi votre père,
    Nous nous sacrifions tous deux,
N'a rien de difficile à nos cœurs amoureux ;
Et c'est au plus heureux faire un don nécessaire
    D'un pouvoir dont le malheureux,
      Madame, n'aura plus affaire.

PSYCHÉ.

Le choix que vous m'offrez, princes, montre à mes yeux
De quoi remplir les vœux de l'ame la plus fière ;
Et vous me le parez tous deux d'une manière
Qu'on ne peut rien offrir qui soit plus précieux.
Vos feux, votre amitié, votre vertu suprême,
Tout me relève en vous l'offre de votre foi ;
Et j'y vois un mérite à s'opposer lui-même
    A ce que vous voulez de moi.
Ce n'est pas à mon cœur qu'il faut que je défère,
    Pour entrer sous de tels liens :
Ma main, pour se donner, attend l'ordre d'un père,
Et mes sœurs ont des droits qui vont devant les miens.
Mais si l'on me rendoit sur mes vœux absolue,
Vous y pourriez avoir trop de part à la fois ;
Et toute mon estime, entre vous suspendue,
Ne pourroit sur aucun laisser tomber mon choix.
    A l'ardeur de votre poursuite
Je répondrois assez de mes vœux les plus doux ;
    Mais c'est, parmi tant de mérite,
Trop que deux cœurs pour moi, trop peu qu'un cœur
    pour vous.
De mes plus doux souhaits j'aurais l'ame gênée
    A l'effort de votre amitié ;

Et j'y vois l'un de vous prendre une destinée
         A me faire trop de pitié.
Oui, princes, à tous ceux dont l'amour suit le vôtre
Je vous préférerois tous deux avec ardeur ;
         Mais je n'aurois jamais le cœur
De pouvoir préférer l'un de vous deux à l'autre.
         A celui que je choisirois
Ma tendresse feroit un trop grand sacrifice ;
Et je m'imputerois à barbare injustice
         Le tort qu'à l'autre je ferois.
Oui, tous deux vous brillez de trop de grandeur d'ame
         Pour en faire aucun malheureux,
Et vous devez chercher dans l'amoureuse flamme
         Le moyen d'être heureux tous deux.
         Si votre cœur me considère
Assez pour me souffrir de disposer de vous,
         J'ai deux sœurs capables de plaire,
Qui peuvent bien vous faire un destin assez doux ;
Et l'amitié me rend leur personne assez chère
         Pour vous souhaiter leurs époux.

CLÉOMÈNE.

         Un cœur dont l'amour est extrême
         Peut-il bien consentir, hélas !
         D'être donné par ce qu'il aime ?
Sur nos deux cœurs, madame, à vos divins appas
         Nous donnons un pouvoir suprême :
         Disposez-en pour le trépas ;
         Mais pour une autre que vous-même,
Ayez cette bonté de n'en disposer pas.

AGÉNOR.

Aux princesses, madame, on feroit trop d'outrage ;

Et c'est pour leurs attraits un indigne partage,
    Que les restes d'une autre ardeur.
Il faut d'un premier feu la pureté fidèle
    Pour aspirer à cet honneur
    Où votre bonté nous appelle ;
    Et chacune mérite un cœur
    Qui n'ait soupiré que pour elle.

AGLAURE.

Il me semble, sans nul courroux,
Qu'avant que de vous en défendre,
Princes, vous deviez bien attendre
Qu'on se fût expliqué sur vous.
Nous croyez-vous un cœur si facile et si tendre ?
Et, lorsqu'on parle ici de vous donner à nous,
    Savez-vous si l'on veut vous prendre ?

CYDIPPE.

Je pense que l'on a d'assez hauts sentiments
Pour refuser un cœur qu'il faut qu'on sollicite,
Et qu'on ne veut devoir qu'à son propre mérite
    La conquête de ses amants.

PSYCHÉ.

J'ai cru pour vous, mes sœurs, une gloire assez grande,
Si la possession d'un mérite si haut...

SCÈNE IV.

PSYCHÉ, AGLAURE, CYDIPPE, CLÉOMÈNE, AGÉNOR, LYCAS.

LYCAS, à Psyché.

Ah, madame!

PSYCHÉ.

Qu'as-tu?

LYCAS.

Le roi...

PSYCHÉ.

Quoi?

LYCAS.

Vous demande.

PSYCHÉ.

De ce trouble si grand que faut-il que j'attende?

LYCAS.

Vous ne le saurez que trop tôt.

PSYCHÉ.

Hélas! que pour le roi tu me donnes à craindre!

LYCAS.

Ne craignez que pour vous; c'est vous que l'on doit
plaindre.

PSYCHÉ.

C'est pour louer le ciel, et me voir hors d'effroi,
De savoir que je n'aie à craindre que pour moi.
Mais apprends-moi, Lycas, le sujet qui te touche.

VII. 11

LYCAS.

Souffrez que j'obéisse à qui m'envoie ici,
Madame, et qu'on vous laisse apprendre de sa bouche
    Ce qui peut m'affliger ainsi.

PSYCHÉ.

Allons savoir sur quoi l'on craint tant ma foiblesse.

SCÈNE V.

AGLAURE, CYDIPPE, LYCAS.

AGLAURE.

Si ton ordre n'est pas jusqu'à nous étendu,
Dis-nous quel grand malheur nous couvre ta tristesse.

LYCAS.

Hélas ! ce grand malheur dans la cour répandu,
    Voyez-le vous-même, princesse,
Dans l'oracle qu'au roi les destins ont rendu.
Voici ses propres mots que la douleur, madame,
    A gravés au fond de mon ame :
    « Que l'on ne pense nullement
« A vouloir de Psyché conclure l'hyménée :
« Mais qu'au sommet d'un mont elle soit promptement
    « En pompe funèbre menée ;
    « Et que, de tous abandonnée,
« Pour époux elle attende en ces lieux constamment
« Un monstre dont on a la vue empoisonnée,
« Un serpent qui répand son venin en tous lieux,
« Et trouble dans sa rage et la terre et les cieux. »
    Après un arrêt si sévère,

Je vous quitte et vous laisse à juger entre vous
Si, par de plus cruels et plus sensibles coups,
Tous les dieux nous pouvoient expliquer leur colère.

SCÈNE VI.

AGLAURE, CYDIPPE.

CYDIPPE.

Ma sœur, que sentez-vous à ce soudain malheur
Où nous voyons Psyché par les destins plongée?

AGLAURE.

Mais vous, que sentez-vous, ma sœur?

CYDIPPE.

A ne vous point mentir, je sens que, dans mon cœur,
Je n'en suis pas trop affligée.

AGLAURE.

Moi, je sens quelque chose au mien
Qui ressemble assez à la joie.
Allons, le destin nous envoie
Un mal que nous pouvons regarder comme un bien.

FIN DU PREMIER ACTE.

PREMIER INTERMÈDE.

La scène est changée en des rochers affreux, et fait voir dans l'éloignement une effroyable solitude. C'est dans ce désert que Psyché doit être exposée pour obéir à l'oracle. Une troupe de personnes affligées y viennent déplorer sa disgrace.

FEMMES DÉSOLÉES, HOMMES AFFLIGÉS, chantants et dansants.

UNE FEMME DÉSOLÉE.

Deh! piangete al pianto mio,
Sassi duri, antiche selve;
Lacrimate, fonti, e belve,
D'un bel volto il fato rio.

PREMIER HOMME AFFLIGÉ.

Ahi dolore!

SECOND HOMME AFFLIGÉ.

Ahi martire!

PREMIER HOMME AFFLIGÉ.

Cruda morte!

FEMME DÉSOLÉE, et SECOND HOMME AFFLIGÉ.

Empia sorte!

LES DEUX HOMMES AFFLIGÉS.

Che condanni a morir tanta beltà!

TOUS TROIS ENSEMBLE.

Cieli! stelle! Ahi crudeltà!

INTERMÈDE I.

UNE FEMME DÉSOLÉE.

Rispondete a'miei lamenti,
Antri cavi, ascose rupi:
Deh! ridite, fondi cupi,
Del mio duolo i mesti accenti.

PREMIER HOMME AFFLIGÉ.

Ahi dolore!

SECOND HOMME AFFLIGÉ.

Ahi martire!

PREMIER HOMME AFFLIGÉ.

Cruda morte!

FEMME DÉSOLÉE, et SECOND HOMME AFFLIGÉ.

Empia sorte!

LES DEUX HOMMES AFFLIGÉS.

Che condanni a morir tanta beltà!

TOUS TROIS ENSEMBLE.

Cieli! stelle! Ahi crudeltà!

SECOND HOMME AFFLIGÉ.

Com' esser puo fra voi, o numi eterni.
Chi voglia estinta una beltà innocente?
Ahi! che tanto rigor, cielo inclemente,
Vince di crudeltà gli stessi inferni?

PREMIER HOMME AFFLIGÉ.

Nume fiero!

SECOND HOMME AFFLIGÉ.

Dio severo!

LES DEUX HOMMES AFFLIGÉS.

Perche tanto rigor
Contro innocente cor?
Ahi! sentenza inudita!
Dar morte alla beltà, ch' altrui da vita!

ENTRÉE DE BALLET.

(Six hommes affligés et six femmes désolées expriment, en dansant, leur douleur par leurs attitudes.)

UNE FEMME DÉSOLÉE.

Ahi, ch' indarno si tarda !
Non resiste agli dei mortale affetto :
Alto impero ne sforza :
Ove commanda il ciel, l'uom cede a forza.

PREMIER HOMME AFFLIGÉ.

Ahi dolore !

SECOND HOMME AFFLIGÉ.

Ahi martire !

PREMIER HOMME AFFLIGÉ.

Cruda morte !

FEMME DÉSOLÉE, et SECOND HOMME AFFLIGÉ.

Empia sorte !

LES DEUX HOMMES AFFLIGÉS.

Che condanni a morir tanta beltà !

TOUS TROIS ENSEMBLE.

Cieli ! stelle ! Ahi crudeltà !

FIN DU PREMIER INTERMÈDE.

ACTE SECOND.

SCÈNE I.

LE ROI, PSYCHÉ, AGLAURE, CYDIPPE,
LYCAS, SUITE.

PSYCHÉ.

De vos larmes, seigneur, la source m'est bien chère;
Mais c'est trop aux bontés que vous avez pour moi,
Que de laisser régner les tendresses de père
    Jusque dans les yeux d'un grand roi.
Ce qu'on vous voit ici donner à la nature,
Au rang que vous tenez, seigneur, fait trop d'injure;
Et j'en dois refuser les touchantes faveurs.
    Laissez moins sur votre sagesse
    Prendre d'empire à vos douleurs,
Et cessez d'honorer mon destin par des pleurs,
Qui, dans le cœur d'un roi, montrent de la foiblesse.

LE ROI.

Ah! ma fille, à ces pleurs laisse mes yeux ouverts;
Mon deuil est raisonnable, encor qu'il soit extrême;
Et, lorsque pour toujours on perd ce que je perds,
La sagesse, crois-moi, peut pleurer elle-même.
    En vain l'orgueil du diadème
Veut qu'on soit insensible à ces cruels revers;
En vain de la raison les secours sont offerts.

Pour vouloir d'un œil sec voir mourir ce qu'on aime :
L'effort en est barbare aux yeux de l'univers ;
Et c'est brutalité plus que vertu suprême.
 Je ne veux point, dans cette adversité,
 Parer mon cœur d'insensibilité,
  Et cacher l'ennui qui me touche :
  Je renonce à la vanité
  De cette dureté farouche
  Que l'on appelle fermeté ;
 Et, de quelque façon qu'on nomme
Cette vive douleur dont je ressens les coups,
Je veux bien l'étaler, ma fille, aux yeux de tous,
Et dans le cœur d'un roi montrer le cœur d'un homme.

PSYCHÉ.

Je ne mérite pas cette grande douleur :
Opposez, opposez un peu de résistance
  Aux droits qu'elle prend sur un cœur
Dont mille événements ont marqué la puissance.
Quoi ! faut-il que pour moi vous renonciez, seigneur,
  A cette royale constance
Dont vous avez fait voir, dans les coups du malheur,
  Une fameuse expérience ?

LE ROI.

La constance est facile en mille occasions ;
  Toutes les révolutions
Où nous peut exposer la fortune inhumaine,
La perte des grandeurs, les persécutions,
Le poison de l'envie et les traits de la haine,
  N'ont rien que ne puissent sans peine
  Braver les résolutions

D'une ame où la raison est un peu souveraine.
    Mais ce qui porte des rigueurs
    A faire succomber les cœurs
    Sous le poids des douleurs amères,
    Ce sont, ce sont les rudes traits
    De ces fatalités sévères
    Qui nous enlèvent pour jamais
    Les personnes qui nous sont chères.
    La raison, contre de tels coups,
    N'offre point d'armes secourables;
    Et voilà, des dieux en courroux,
    Les foudres les plus redoutables
    Qui se puissent lancer sur nous.

PSYCHÉ.

Seigneur, une douceur ici vous est offerte.
Votre hymen a reçu plus d'un présent des dieux;
    Et, par une faveur ouverte,
Ils ne vous ôtent rien, en m'ôtant à vos yeux,
Dont ils n'aient pris le soin de réparer la perte.
Il vous reste de quoi consoler vos douleurs;
Et cette loi du ciel, que vous nommez cruelle,
    Dans les deux princesses mes sœurs,
    Laisse à l'amitié paternelle
    Où placer toutes ses douceurs.

LE ROI.

    Ah! de mes maux soulagement frivole!
Rien, rien ne s'offre à moi qui de toi me console.
C'est sur mes déplaisirs que j'ai les yeux ouverts;
    Et, dans un destin si funeste,
    Je regarde ce que je perds,

Et ne vois point ce qui me reste.

PSYCHÉ.

Vous savez mieux que moi qu'aux volontés des dieux,
Seigneur, il faut régler les nôtres;
Et je ne puis vous dire, en ces tristes adieux,
Que ce que beaucoup mieux vous pouvez dire aux autres.
Ces dieux sont maîtres souverains
Des présents qu'ils daignent nous faire;
Ils ne les laissent dans nos mains
Qu'autant de temps qu'il peut leur plaire;
Lorsqu'ils viennent les retirer,
On n'a nul droit de murmurer
Des graces que leur main ne veut plus nous étendre.
Seigneur, je suis un don qu'ils ont fait à vos vœux;
Et quand, par cet arrêt, ils veulent me reprendre,
Ils ne vous ôtent rien que vous ne teniez d'eux,
Et c'est sans murmurer que vous devez me rendre.

LE ROI.

Ah! cherche un meilleur fondement
Aux consolations que ton cœur me présente;
Et, de la fausseté de ce raisonnement,
Ne fais point un accablement
A cette douleur si cuisante
Dont je souffre ici le tourment.
Crois-tu là me donner une raison puissante
Pour ne me plaindre point de cet arrêt des cieux?
Et, dans le procédé des dieux,
Dont tu veux que je me contente,
Une rigueur assassinante
Ne paroît-elle pas aux yeux?

ACTE II, SCÈNE I.

Vois l'état où ces dieux me forcent à te rendre,
Et l'autre où te reçut mon cœur infortuné;
Tu connoîtras par-là qu'ils me viennent reprendre
　　Bien plus que ce qu'ils m'ont donné.
　　Je reçus d'eux en toi, ma fille,
Un présent que mon cœur ne leur demandoit pas;
　　J'y trouvois alors peu d'appas,
Et leur en vis sans joie accroître ma famille :
　　Mais mon cœur, ainsi que mes yeux,
S'est fait de ce présent une douce habitude;
J'ai mis quinze ans de soins, de veilles et d'étude,
　　A me le rendre precieux;
　　Je l'ai paré de l'aimable richesse
　　　De mille brillantes vertus;
En lui j'ai renfermé, par des soins assidus,
Tous les plus beaux trésors que fournit la sagesse,
A lui j'ai de mon ame attaché la tendresse;
J'en ai fait de ce cœur le charme et l'allégresse,
La consolation de mes sens abattus,
　　Le doux espoir de ma vieillesse.
　　Ils m'ôtent tout cela, ces dieux!
Et tu veux que je n'aie aucun sujet de plainte
Sur cet affreux arrêt dont je souffre l'atteinte!
Ah! leur pouvoir se joue avec trop de rigueur
　　Des tendresses de notre cœur.
Pour m'ôter leur présent, leur falloit-il attendre
　　Que j'en eusse fait tout mon bien?
Ou plutôt, s'ils avoient dessein de le reprendre,
N'eût-il pas été mieux de ne me donner rien?

PSYCHÉ.

Seigneur, redoutez la colère

De ces dieux contre qui vous osez éclater.
LE ROI.
Après ce coup, que peuvent-ils me faire?
Ils m'ont mis en état de ne rien redouter.
PSYCHÉ.
Ah! seigneur, je tremble des crimes
Que je vous fais commettre; et je dois me haïr.
LE ROI.
Ah! qu'ils souffrent du moins mes plaintes légitimes!
Ce m'est assez d'effort que de leur obéir;
Ce doit leur être assez que mon cœur t'abandonne
Au barbare respect qu'il faut qu'on ait pour eux,
Sans prétendre gêner la douleur que me donne
L'épouvantable arrêt d'un sort si rigoureux.
Mon juste désespoir ne sauroit se contraindre;
Je veux, je veux garder ma douleur à jamais;
Je veux sentir toujours la perte que je fais;
De la rigueur du ciel je veux toujours me plaindre;
Je veux jusqu'au trépas incessamment pleurer
Ce que tout l'univers ne peut me réparer.
PSYCHÉ.
Ah! de grace, seigneur, épargnez ma foiblesse;
J'ai besoin de constance en l'état où je suis.
Ne fortifiez point l'excès de mes ennuis
  Des larmes de votre tendresse.
Seuls ils sont assez forts; et c'est trop, pour mon cœur,
  De mon destin et de votre douleur.
LE ROI.
Oui, je dois t'épargner mon deuil inconsolable.
Voici l'instant fatal de m'arracher de toi :

Mais comment prononcer ce mot épouvantable?
Il le faut toutefois, le ciel m'en fait la loi;
  Une rigueur inévitable
M'oblige à te laisser en ce funeste lieu.
  Adieu, je vais... Adieu.

SCÈNE II.

PSYCHÉ, AGLAURE, CYDIPPE.

PSYCHÉ.

Suivez le roi, mes sœurs, vous essuîrez ses larmes,
  Vous adoucirez ses douleurs;
  Et vous l'accableriez d'alarmes,
Si vous vous exposiez encore à mes malheurs.
  Conservez-lui ce qui lui reste;
Le serpent que j'attends peut vous être funeste,
  Vous envelopper dans mon sort,
Et me porter en vous une seconde mort.
  Le ciel m'a seule condamnée
  A son haleine empoisonnée :
  Rien ne sauroit me secourir;
Et je n'ai pas besoin d'exemple pour mourir.

AGLAURE.

Ne nous enviez pas ce cruel avantage
De confondre nos pleurs avec vos déplaisirs,
De mêler nos soupirs à vos derniers soupirs :
D'une tendre amitié souffrez ce dernier gage.

PSYCHÉ.

  C'est vous perdre inutilement.

CYDIPPE.

C'est en votre faveur espérer un miracle,
Ou vous accompagner jusques au monument.

PSYCHÉ.

Que peut-on se promettre après un tel oracle?

AGLAURE.

Un oracle jamais n'est sans obscurité :
On l'entend d'autant moins, que mieux on croit l'entendre,
Et peut-être, après tout, n'en devez-vous attendre
    Que gloire et que félicité.
Laissez-nous voir, ma sœur, par une digne issue
Cette frayeur mortelle heureusement déçue ;
    Ou mourir du moins avec vous,
Si le ciel à nos vœux ne se montre plus doux.

PSYCHÉ.

Ma sœur, écoutez mieux la voix de la nature,
    Qui vous appelle auprès du roi.
  Vous m'aimez trop; le devoir en murmure,
    Vous en savez l'indispensable loi.
Un père vous doit être encor plus cher que moi.
Rendez-vous toutes deux l'appui de sa vieillesse,
Vous lui devez chacune un gendre et des neveux.
Mille rois à l'envi vous gardent leur tendresse,
Mille rois à l'envi vous offriront leurs vœux.
L'oracle me veut seule; et seule aussi je veux
    Mourir, si je puis, sans foiblesse,
Ou ne vous avoir pas pour témoins toutes deux
De ce que, malgré moi, la nature m'en laisse.

AGLAURE.

Partager vos malheurs, c'est vous importuner?

CYDIPPE.

J'ose dire un peu plus, ma sœur, c'est vous déplaire ?

PSYCHÉ.

Non; mais, enfin c'est me gêner,
Et peut-être du ciel redoubler la colère.

AGLAURE.

Vous le voulez, et nous partons.
Daigne ce même ciel, plus juste et moins sévère,
Vous envoyer le sort que nous vous souhaitons,
Et que notre amitié sincère,
En dépit de l'oracle, et malgré vous, espère.

PSYCHÉ.

Adieu. C'est un espoir, ma sœur, et des souhaits
Qu'aucun des dieux ne remplira jamais.

SCÈNE III.

PSYCHÉ.

Enfin, seule et toute à moi-même,
Je puis envisager cet affreux changement
Qui, du haut d'une gloire extrême,
Me précipite au monument.
Cette gloire étoit sans seconde;
L'éclat s'en répandoit jusqu'aux deux bouts du monde;
Tout ce qu'il y a de rois sembloient faits pour m'aimer;
Tous leurs sujets, me prenant pour déesse,
Commençoient à m'accoutumer
Aux encens qu'ils m'offroient sans cesse;
Leurs soupirs me suivoient sans qu'il m'en coûtât rien;

Mon ame restoit libre en captivant tant d'ames ;
 Et j'étois, parmi tant de flammes,
Reine de tous les cœurs, et maîtresse du mien.
  O ciel, m'auriez-vous fait un crime
  De cette insensibilité ?
Déployez-vous sur moi tant de sévérité,
Pour n'avoir à leurs vœux rendu que de l'estime ?
  Si vous m'imposiez cette loi,
Qu'il fallût faire un choix pour ne pas vous déplaire,
  Puisque je ne pouvois le faire,
  Que ne le faisiez-vous pour moi ?
Que ne m'inspiriez-vous ce qu'inspire à tant d'autres
Le mérite, l'amour, et... Mais que vois-je ici ?...

SCÈNE IV.

CLÉOMÈNE, AGÉNOR, PSYCHÉ.

CLÉOMÈNE.

Deux amis, deux rivaux, dont l'unique souci
Est d'exposer leurs jours pour conserver les vôtres.

PSYCHÉ.

Puis-je vous écouter, quand j'ai chassé deux sœurs ?
Princes, contre le ciel pensez-vous me défendre ?
Vous livrer au serpent qu'ici je dois attendre,
Ce n'est qu'un désespoir qui sied mal aux grands cœurs ;
 Et mourir alors que je meurs,
  C'est accabler une ame tendre
  Qui n'a que trop de ses douleurs.

AGÉNOR.

Un serpent n'est pas invincible ;

Cadmus, qui n'aimoit rien, défit celui de Mars.
Nous aimons, et l'Amour sait rendre tout possible
    Au cœur qui suit ses étendards,
A la main dont lui-même il conduit tous les dards.

PSYCHÉ.

Voulez-vous qu'il vous serve en faveur d'une ingrate
    Que tous ses traits n'ont pu toucher;
Qu'il dompte sa vengeance au moment qu'elle éclate,
    Et vous aide à m'en arracher?
    Quand même vous m'auriez servie,
    Quand vous m'auriez rendu la vie,
Quel fruit espérez-vous de qui ne peut aimer?

CLÉOMÈNE.

Ce n'est point par l'espoir d'un si charmant salaire
    Que nous nous sentons animer;
    Nous ne cherchons qu'à satisfaire
Aux devoirs d'un amour qui n'ose présumer
    Que jamais, quoi qu'il puisse faire,
    Il soit capable de vous plaire,
    Et digne de vous enflammer.
Vivez, belle princesse, et vivez pour un autre;
    Nous le verrons d'un œil jaloux;
    Nous en mourrons, mais d'un trépas plus doux
    Que s'il nous falloit voir le vôtre:
Et si nous ne mourons en vous sauvant le jour,
Quelque amour qu'à nos yeux vous préfériez au nôtre,
Nous voulons bien mourir de douleur et d'amour.

PSYCHÉ.

Vivez, princes, vivez, et de ma destinée
Ne songez plus à rompre ou partager la loi;

Je crois vous l'avoir dit, le ciel ne veut que moi,
    Le ciel m'a seule condamnée.
Je pense ouïr déja les mortels sifflements
    De son ministre qui s'approche :
Ma frayeur me le peint, me l'offre à tous moments;
Et maîtresse qu'elle est de tous mes sentiments,
Elle me le figure au haut de cette roche.
J'en tombe de foiblesse; et mon cœur abattu
Ne soutient plus qu'à peine un reste de vertu.
Adieu, princes; fuyez, qu'il ne vous empoisonne.

AGÉNOR.

Rien ne s'offre à nos yeux encor qui les étonne;
Et quand vous vous peignez un si proche trépas,
    Si la force vous abandonne,
    Nous avons des cœurs et des bras
    Que l'espoir n'abandonne pas.
Peut-être qu'un rival a dicté cet oracle,
Que l'or a fait parler celui qui l'a rendu.
    Ce ne seroit pas un miracle
Que pour un dieu muet un homme eût répondu;
Et dans tous les climats on n'a que trop d'exemples
Qu'il est, ainsi qu'ailleurs, des méchants dans les temples.

CLÉOMÈNE.

Laissez-nous opposer au lâche ravisseur
A qui le sacrilége indignement vous livre,
Un amour qu'a le ciel choisi pour défenseur
De la seule beauté pour qui nous voulons vivre.
Si nous n'osons prétendre à sa possession,
Du moins en son péril permettez-nous de suivre
L'ardeur et les devoirs de notre passion.

ACTE II, SCÈNE IV.

PSYCHÉ.

Portez-les à d'autres moi-mêmes,
Princes, portez-les à mes sœurs,
Ces devoirs, ces ardeurs extrêmes,
Dont pour moi sont remplis vos cœurs :
Vivez pour elles, quand je meurs.
Plaignez de mon destin les funestes rigueurs,
Sans leur donner en vous de nouvelles matières.
Ce sont mes volontés dernières ;
Et l'on a reçu de tous temps
Pour souveraines lois les ordres des mourants.

CLÉOMÈNE.

Princesse...

PSYCHÉ.

Encore un coup, princes, vivez pour elles.
Tant que vous m'aimerez, vous devez m'obéir ;
Ne me réduisez pas à vouloir vous haïr,
Et vous regarder en rebelles,
A force de m'être fidèles.
Allez, laissez-moi seule expirer en ce lieu,
Où je n'ai plus de voix que pour vous dire adieu.
Mais je sens qu'on m'enlève, et l'air m'ouvre une route
D'où vous n'entendrez plus cette mourante voix.
Adieu, princes, adieu pour la dernière fois.
Voyez si de mon sort vous pouvez être en doute.

(Psyché est enlevée en l'air par deux Zéphyrs.)

AGÉNOR.

Nous la perdons de vue. Allons tous deux chercher,
Sur le faîte de ce rocher,
Prince, les moyens de la suivre.

CLÉOMÈNE.

Allons y chercher ceux de ne lui point survivre.

SCÈNE V.

L'AMOUR, en l'air.

Allez mourir, rivaux d'un dieu jaloux,
Dont vous méritez le courroux
Pour avoir eu le cœur sensible aux mêmes charmes.
Et toi, forge, Vulcain, mille brillants attraits
Pour orner un palais
Où l'Amour de Psyché veut essuyer les larmes,
Et lui rendre les armes.

FIN DU SECOND ACTE.

SECOND INTERMÈDE.

La scène se change en une cour magnifique, ornée de colonnes de lapis enrichies de figures d'or, qui forment un palais pompeux et brillant, que l'Amour destine pour Psyché.

VULCAIN, CYCLOPÈS, FÉES.

VULCAIN.

Dépêchez, préparez ces lieux
Pour le plus aimable des dieux;
Que chacun pour lui s'intéresse :
N'oubliez rien des soins qu'il faut.
    Quand l'Amour presse,
On n'a jamais fait assez tôt.
L'Amour ne veut point qu'on diffère :
    Travaillez, hâtez-vous;
  Frappez, redoublez vos coups :
    Que l'ardeur de lui plaire
    Fasse vos soins les plus doux.

PREMIÈRE ENTRÉE DE BALLET.

(Les cyclopes achèvent en cadence de grands vases d'or que les fées leur apportent.)

VULCAIN.

Servez bien un dieu si charmant;
Il se plait dans l'empressement :

Que chacun pour lui s'intéresse ;
N'oubliez rien des soins qu'il faut.
    Quand l'Amour presse,
On n'a jamais fait assez tôt.
L'amour ne veut point qu'on diffère :
    Travaillez, hâtez-vous ;
Frappez, redoublez vos coups :
    Que l'ardeur de lui plaire
Fasse vos soins les plus doux.

DEUXIÈME ENTRÉE DE BALLET.

(Les cyclopes et les fées placent en cadence les vases d'or qui doivent être de nouveaux ornements du palais de l'Amour.)

FIN DU DEUXIÈME INTERMÈDE.

ACTE TROISIÈME.

SCÈNE I.

L'AMOUR, ZÉPHYRE.

ZÉPHYRE.

Oui, je me suis galamment acquitté
De la commission que vous m'avez donnée ;
Et, du haut du rocher, je l'ai, cette beauté,
Par le milieu des airs doucement amenée
    Dans ce beau palais enchanté
    Où vous pouvez en liberté
    Disposer de sa destinée.
Mais vous me surprenez par ce grand changement
    Qu'en votre personne vous faites :
Cette taille, ces traits et cet ajustement
    Cachent tout-à-fait qui vous êtes ;
Et je donne aux plus fins à pouvoir en ce jour
    Vous reconnoître pour l'Amour.

L'AMOUR.

Aussi ne veux-je pas qu'on puisse me connoître :
Je ne veux à Psyché que découvrir mon cœur,
Rien que les beaux transports de cette vive ardeur
    Que ses doux charmes y font naître ;
Et pour en exprimer l'amoureuse langueur,

Et cacher ce que je puis être
Aux yeux qui m'imposent des lois,
J'ai pris la forme que tu vois.

ZÉPHYRE.

En tout vous êtes un grand maître,
C'est ici que je le connois.
Sous des déguisements de diverse nature,
On a vu les dieux amoureux
Chercher à soulager cette douce blessure
Que reçoivent les cœurs de vos traits pleins de feux :
Mais en bon sens vous l'emportez sur eux ;
Et voilà la bonne figure
Pour avoir un succès heureux
Près de l'aimable sexe où l'on porte ses vœux.
Oui, de ces formes-là l'assistance est bien forte ;
Et, sans parler ni de rang ni d'esprit,
Qui peut trouver moyen d'être fait de la sorte,
Ne soupire guère à crédit.

L'AMOUR.

J'ai résolu, mon cher Zéphyre,
De demeurer ainsi toujours ;
Et l'on ne peut le trouver à redire
A l'aîné de tous les Amours.
Il est temps de sortir de cette longue enfance
Qui fatigue ma patience ;
Il est temps désormais que je devienne grand.

ZÉPHYRE.

Fort bien, vous ne pouvez mieux faire ;
Et vous entrez dans un mystère
Qui ne demande rien d'enfant.

ACTE III, SCÈNE I.

L'AMOUR.

Ce changement, sans doute, irritera ma mère.

ZÉPHYRE.

Je prévois là-dessus quelque peu de colère.
Bien que les disputes des ans
Ne doivent point régner parmi des immortelles,
Votre mère Vénus est de l'humeur des belles,
Qui n'aiment point de grands enfants.
Mais où je la trouve outragée,
C'est dans le procédé que l'on vous voit tenir;
Et c'est l'avoir étrangement vengée,
Que d'aimer la beauté qu'elle vouloit punir.
Cette haine où ses vœux prétendent que réponde
La puissance d'un fils que redoutent les dieux...

L'AMOUR.

Laissons cela, Zéphyre, et me dis si tes yeux
Ne trouvent pas Psyché la plus belle du monde.
Est-il rien sur la terre, est-il rien dans les cieux,
Qui puisse lui ravir le titre glorieux
De beauté sans seconde?
Mais je la vois, mon cher Zéphyre,
Qui demeure surprise à l'éclat de ces lieux.

ZÉPHYRE.

Vous pouvez vous montrer pour finir son martyre,
Lui découvrir son destin glorieux,
Et vous dire entre-vous tout ce que peuvent dire
Les soupirs, la bouche, et les yeux.
En confident discret, je sais ce qu'il faut faire
Pour ne pas interrompre un amoureux mystère.

SCÈNE II.

PSYCHÉ.

Où suis-je? et, dans un lieu que je croyois barbare,
Quelle savante main a bâti ce palais..
  Que l'art, que la nature pare
  De l'assemblage le plus rare
  Que l'œil puisse admirer jamais?
  Tout rit, tout brille, tout éclate
 Dans ces jardins, dans ces appartements,
  Dont les pompeux ameublements
  N'ont rien qui n'enchante et ne flatte;
Et, de quelque côté que tournent mes frayeurs,
Je ne vois sous mes pas que de l'or ou des fleurs.
Le ciel auroit-il fait cet amas de merveilles
  Pour la demeure d'un serpent?
Et lorsque, par leur vue, il amuse et suspend
De mon destin jaloux les rigueurs sans pareilles,
  Veut-il montrer qu'il s'en repent?
Non, non; c'est de sa haine, en cruautés féconde,
  Le plus noir, le plus rude trait,
Qui par une rigueur nouvelle et sans seconde,
  N'étale ce choix qu'elle a fait
  De ce qu'a de plus beau le monde,
Qu'afin que je le quitte avec plus de regret.
  Que son espoir est ridicule,
 S'il croit par-là soulager mes douleurs!
Tout autant de moments que ma mort se recule,

Sont autant de nouveaux malheurs;
Plus elle tarde, et plus de fois je meurs.
Ne me fais plus languir, viens prendre ta victime,
Monstre qui dois me déchirer.
Veux-tu que je te cherche? et faut-il que j'anime
Tes fureurs à me dévorer?
Si le ciel veut ma mort, si ma vie est un crime,
De ce peu qui m'en reste ose enfin t'emparer.
Je suis lasse de murmurer
Contre un châtiment légitime;
Je suis lasse de soupirer:
Viens, que j'achève d'expirer.

SCÈNE III.

L'AMOUR, PSYCHÉ, ZÉPHYRE.

L'AMOUR.

Le voilà ce serpent, ce monstre impitoyable,
Qu'un oracle étonnant pour vous a préparé,
Et qui n'est pas, peut être, à tel point effroyable
Que vous vous l'êtes figuré.

PSYCHÉ.

Vous, seigneur, vous seriez ce monstre dont l'oracle
A menacé mes tristes jours,
Vous qui semblez plutôt un dieu qui, par miracle,
Daigne venir lui-même à mon secours?

L'AMOUR.

Quel besoin de secours au milieu d'un empire
Où tout ce qui respire

N'attend que vos regards pour en prendre la loi,
Où vous n'avez à craindre autre monstre que moi ?
PSYCHÉ.
Qu'un monstre tel que vous inspire peu de crainte !
  Et que, s'il a quelque poison,
  Une ame auroit peu de raison
  De hasarder la moindre plainte
  Contre une favorable atteinte
 Dont tous les cœurs craindroient la guérison !
A peine je vous vois, que mes frayeurs cessées
Laissent évanouir l'image du trépas,
Et que je sens couler dans mes veines glacées
Un je ne sais quel feu que je ne connois pas.
J'ai senti de l'estime et de la complaisance,
 De l'amitié, de la reconnoissance ;
De la compassion les chagrins innocents
  M'en ont fait sentir la puissance :
Mais je n'ai point encor senti ce que je sens.
Je ne sais ce que c'est ; mais je sais qu'il me charme,
  Que je n'en conçois point d'alarme.
Plus j'ai les yeux sur vous, plus je m'en sens charmer,
Tout ce que j'ai senti n'agissoit point de même ;
  Et je dirois que je vous aime,
Seigneur, si je savois ce que c'est que d'aimer.
Ne les détournez point, ces yeux qui m'empoisonnent,
Ces yeux tendres, ces yeux perçants, mais amoureux,
Qui semblent partager le trouble qu'ils me donnent.
  Hélas ! plus ils sont dangereux,
 Plus je me plais à m'attacher sur eux.
Par quel ordre du ciel, que je ne puis comprendre,

ACTE III, SCÈNE III.

Vous dis-je plus que je ne dois,
Moi de qui la pudeur devroit du moins attendre
Que vous m'expliquassiez le trouble où je vous vois ?
Vous soupirez, seigneur, ainsi que je soupire ;
Vos sens, comme les miens, paroissent interdits :
C'est à moi de m'en taire, à vous de me le dire ;
  Et cependant c'est moi qui vous le dis.

L'AMOUR.

Vous avez eu, Psyché, l'ame toujours si dure,
  Qu'il ne faut pas vous étonner
  Si, pour en réparer l'injure,
L'Amour, en ce moment, se paie avec usure
  De ceux qu'elle a dû lui donner.
Ce moment est venu qu'il faut que votre bouche
Exhale des soupirs si long-temps retenus ;
Et qu'en vous arrachant à cette humeur farouche,
Un amas de transports aussi doux qu'inconnus,
Aussi sensiblement tout à la fois vous touche,
Qu'ils ont dû vous toucher durant tant de beaux jours
Dont cette ame insensible a profané le cours.

PSYCHÉ.

N'aimer point, c'est donc un grand crime ?

L'AMOUR.

En souffrez-vous un rude châtiment ?

PSYCHÉ.

C'est punir assez doucement.

L'AMOUR.

C'est lui choisir sa peine légitime,
Et se faire justice en ce glorieux jour,
D'un manquement d'amour par un excès d'amour.

PSYCHÉ.

Que n'ai-je été plus tôt punie !
    J'y mets le bonheur de ma vie.
Je devrois en rougir, ou le dire plus bas :
    Mais le supplice a trop d'appas ;
Permettez que tout haut je le die et redie :
Je le dirois cent fois, et n'en rougirois pas.
Ce n'est point moi qui parle, et de votre présence
L'empire surprenant, l'aimable violence,
Dès que je veux parler, s'empare de ma voix.
C'est en vain qu'en secret ma pudeur s'en offense,
    Que le sexe et la bienséance
    Osent me faire d'autres lois :
Vos yeux de ma réponse eux-mêmes font le choix ;
Et ma bouche, asservie à leur toute-puissance,
Ne me consulte plus sur ce que je me dois.

L'AMOUR.

Croyez, belle Psyché, croyez ce qu'ils vous disent,
    Ces yeux qui ne sont point jaloux :
    Qu'à l'envi les vôtres m'instruisent
    De tout ce qui se passe en vous.
    Croyez-en ce cœur qui soupire,
Et qui, tant que le vôtre y voudra repartir,
    Vous dira bien plus, d'un soupir,
    Que cent regards ne peuvent dire.
    C'est le langage le plus doux ;
C'est le plus fort, c'est le plus sûr de tous.

PSYCHÉ.

    L'intelligence en étoit due
A nos cœurs pour les rendre également contents.

J'ai soupiré, vous m'avez entendue;
    Vous soupirez, je vous entends.
    Mais ne me laissez plus en doute,
Seigneur, et dites-moi si, par la même route,
Après moi le Zéphyre ici vous a rendu
    Pour me dire ce que j'écoute.
Quand j'y suis arrivée, étiez-vous attendu ?
Et, quand vous lui parlez, êtes-vous entendu ?

L'AMOUR.

J'ai dans ce doux climat un souverain empire,
    Comme vous l'avez sur mon cœur ;
L'Amour m'est favorable, et c'est en sa faveur
Qu'à mes ordres Éole a soumis le Zéphyre.
C'est l'Amour qui, pour voir mes feux récompensés,
    Lui-même a dicté cet oracle,
    Par qui vos beaux jours menacés,
D'une foule d'amants se sont débarrassés,
Et qui m'a délivré de l'éternel obstacle
    De tant de soupirs empressés
Qui ne méritoient pas de vous être adressés.
Ne me demandez point quelle est cette province,
    Ni le nom de son prince ;
  Vous le saurez quand il en sera temps.
Je veux vous acquérir, mais c'est par mes services,
Par des soins assidus, et par des vœux constants,
    Par les amoureux sacrifices
      De tout ce que je suis,
      De tout ce que je puis,
Sans que l'éclat du rang pour moi vous sollicite,
Sans que de mon pouvoir je me fasse un mérite;

Et, bien que souverain dans cet heureux séjour,
Je ne vous veux, Psyché, devoir qu'à mon amour.
Venez en admirer avec moi les merveilles,
Princesse, et préparez vos yeux et vos oreilles
  A ce qu'il a d'enchantements ;
 Vous y verrez des bois et des prairies
  Contester sur leurs agréments
  Avec l'or et les pierreries ;
Vous n'entendrez que des concerts charmants ;
 De cent beautés vous y serez servie
Qui vous adoreront sans vous porter envie,
  Et brigueront à tous moments,
  D'une ame soumise et ravie,
  L'honneur de vos commandements.

PSYCHÉ.

  Mes volontés suivent les vôtres,
  Je n'en saurois plus avoir d'autres.
Mais votre oracle enfin vient de me séparer
  De deux sœurs et du roi mon père,
  Que mon trépas imaginaire
  Réduit tous trois à me pleurer :
Pour dissiper l'erreur dont leur ame accablée,
De mortels déplaisirs se voit pour moi comblée,
  Souffrez que mes sœurs soient témoins
  Et de ma gloire et de vos soins ;
Prêtez-leur, comme à moi, les ailes du Zéphyre,
  Qui leur puissent de votre empire,
 Ainsi qu'à moi, faciliter l'accès :
 Faites-leur voir en quel lieu je respire ;
Faites-leur de ma perte admirer le succès.

ACTE III, SCÈNE III.

L'AMOUR.

Vous ne me donnez pas, Psyché, toute votre ame.
Ce tendre souvenir d'un père et de deux sœurs
    Me vole une part des douceurs
    Que je veux toutes pour ma flamme.
N'ayez d'yeux que pour moi qui n'en ai que pour vous;
Ne songez qu'à m'aimer, ne songez qu'à me plaire.
Et quand de tels soucis osent vous en distraire...

PSYCHÉ.

Des tendresses du sang peut-on être jaloux?

L'AMOUR.

Je le suis, ma Psyché, de toute la nature.
Les rayons du soleil vous baisent trop souvent :
Vos cheveux souffrent trop les caresses du vent;
    Dès qu'il les flatte, j'en murmure :
    L'air même que vous respirez,
Avec trop de plaisir passe par votre bouche :
    Votre habit de trop près vous touche;
    Et sitôt que vous soupirez,
    Je ne sais quoi qui m'effarouche,
Craint parmi vos soupirs des soupirs égarés.
Mais vous voulez vos sœurs. Allez, partez, Zéphyre;
    Psyché le veut, je ne l'en puis dédire.

                    (Zéphyre s'envole.)

SCÈNE IV.

L'AMOUR, PSYCHÉ.

L'AMOUR.

Quand vous leur ferez voir ce bienheureux séjour,
De ses trésors faites-leur cent largesses,
Prodiguez-leur caresses sur caresses ;
Et du sang, s'il se peut, épuisez les tendresses,
Pour vous rendre toute à l'Amour.
Je n'y mêlerai point d'importune présence.
Mais ne leur faites pas de si longs entretiens ;
Vous ne sauriez pour eux avoir de complaisance,
Que vous ne dérobiez aux miens.

PSYCHÉ.

Votre amour me fait une grace
Dont je n'abuserai jamais.

L'AMOUR.

Allons voir cependant ces jardins, ce palais,
Où vous ne verrez rien que votre éclat n'efface.
Et vous, petits amours, et vous, jeunes zéphyrs,
Qui pour armes n'avez que de tendres soupirs,
Montrez tous à l'envi ce qu'à voir ma princesse
Vous avez senti d'allégresse.

FIN DU TROISIÈME ACTE.

TROISIÈME INTERMÈDE.

L'AMOUR, PSYCHÉ.

UN ZÉPHYRE chantant, DEUX AMOURS chantants, troupe d'AMOURS et de ZÉPHYRES dansants.

PREMIÈRE ENTRÉE DE BALLET.

(Les Amours et les Zéphyres, pour obéir à l'Amour, marquent par leurs danses la joie qu'ils ont de voir Psyché.)

UN ZÉPHYRE.

Aimable jeunesse,
Suivez la tendresse,
Joignez aux beaux jours
La douceur des amours.
C'est pour vous surprendre
Qu'on vous fait entendre
Qu'il faut éviter leurs soupirs,
Et craindre leurs desirs ;
Laissez-vous apprendre
Quels sont leurs plaisirs.

DEUX AMOURS ENSEMBLE.

Chacun est obligé d'aimer
A son tour ;

Et plus on a de quoi charmer,
Plus on doit à l'Amour.

PREMIER AMOUR.

Un cœur jeune et tendre
Est obligé de se rendre ;
Il n'a point à prendre
De fâcheux détour.

LES DEUX AMOURS ENSEMBLE.

Chacun est obligé d'aimer
A son tour ;
Et plus on a de quoi charmer,
Plus on doit à l'Amour.

SECOND AMOUR.

Pourquoi se défendre ?
Que sert-il d'attendre ?
Quand on perd un jour,
On le perd sans retour.

LES DEUX AMOURS ENSEMBLE.

Chacun est obligé d'aimer
A son tour ;
Et plus on a de quoi charmer,
Plus on doit à l'Amour.

DEUXIÈME ENTRÉE DE BALLET.

(Les deux troupes d'Amours et de Zéphyres recommencent leurs danses.)

LE ZÉPHYRE.

L'Amour a des charmes,

Rendons-lui les armes ;
 Ses soins et ses pleurs
Ne sont pas sans douceurs.
 Un cœur pour les suivre
 A cent maux se livre.
Il faut, pour goûter ses appas,
 Languir jusqu'au trépas.
 Mais ce n'est pas vivre
 Que de n'aimer pas.

LES DEUX AMOURS ENSEMBLE.

S'il faut des soins et des travaux
 En aimant,
On est payé de mille maux
Par un heureux moment.

PREMIER AMOUR.

 On craint, on espère,
 Il faut du mystère ;
 Mais on n'obtient guère
 De bien sans tourment.

LES DEUX AMOURS ENSEMBLE.

S'il faut des soins et des travaux
 En aimant,
On est payé de mille maux
Par un heureux moment.

SECOND AMOUR.

 Que peut-on mieux faire,
 Qu'aimer et que plaire ?
 C'est un soin charmant
 Que l'emploi d'un amant.
VII. 14.

LES DEUX AMOURS ENSEMBLE.
S'il faut des soins et des travaux
En aimant,
On est payé de mille maux
Par un heureux moment.

FIN DU TROISIÈME INTERMÈDE.

ACTE QUATRIÈME.

Le théâtre représente un jardin superbe et charmant. On y voit des berceaux de verdure soutenus par des termes d'or, décorés par des vases d'orangers et par des arbres chargés de toutes sortes de fruits. Le milieu du théâtre est rempli des fleurs les plus belles et les plus rares. On découvre dans l'enfoncement plusieurs dômes de rocailles, ornés de coquillages, de fontaines et de statues ; et toute cette vue se termine par un magnifique palais.

SCENE I.

AGLAURE, CYDIPPE.

AGLAURE.

Je n'en puis plus, ma sœur, j'ai vu trop de merveilles :
L'avenir aura peine à les bien concevoir ;
Le soleil qui voit tout, et qui nous fait tout voir,
    N'en a vu jamais de pareilles.
    Elles me chagrinent l'esprit ;
Et ce brillant palais, ce pompeux équipage,
    Font un odieux étalage
Qui m'accable de honte autant que de dépit.
    Que la fortune indignement nous traite !
    Et que sa largesse indiscrète
Prodigue aveuglément, épuise, unit d'efforts,

Pour faire de tant de trésors
Le partage d'une cadette!

CYDIPPE.

J'entre dans tous vos sentiments,
J'ai les mêmes chagrins; et dans ces lieux charmants
Tout ce qui vous déplaît me blesse;
Tout ce que vous prenez pour un mortel affront,
Comme vous m'accable, et me laisse
'amertume dans l'ame et la rougeur au front.

AGLAURE.

Non, ma sœur, il n'est point de reines
Qui, dans leur propre état, parlent en souveraines
Comme Psyché parle en ces lieux.
On l'y voit obéir avec exactitude,
Et de ses volontés une amoureuse étude
Les cherche jusque dans ses yeux.
Mille beautés s'empressent autour d'elle,
Et semblent dire à nos regards jaloux :
Quels que soient nos attraits, elle est encor plus belle;
Et nous qui la servons, le sommes plus que vous.
Elle prononce, on exécute;
Aucun ne s'en défend, aucun ne s'en rebute.
Flore, qui s'attache à ses pas,
Répand à pleines mains autour de sa personne
Ce qu'elle a de plus doux appas;
Zéphyre vole aux ordres qu'elle donne;
Et son amante et lui, s'en laissant trop charmer,
Quittent pour la servir les soins de s'entr'aimer.

CYDIPPE.

Elle a des dieux à son service;

Elle aura bientôt des autels ;
Et nous ne commandons qu'à de chétifs mortels
   De qui l'audace et le caprice,
Contre nous à toute heure en secret révoltés,
    Opposent à nos volontés
    Ou le murmure ou l'artifice.

AGLAURE.

   C'étoit peu que dans notre cour
Tant de cœurs à l'envi nous l'eussent préférée;
Ce n'étoit pas assez que de nuit et de jour
   D'une foule d'amants elle y fût adorée :
Quand nous nous consolions de la voir au tombeau,
    Par l'ordre imprévu d'un oracle,
   Elle a voulu de son destin nouveau
Faire en notre présence éclater le miracle,
    Et choisir nos yeux pour témoins
De ce qu'au fond du cœur nous souhaitions le moins.

CYDIPPE.

   Ce qui le plus me désespère,
C'est cet amant parfait et si digne de plaire
   Qui se captive sous ses lois.
Quand nous pourrions choisir entre tous les monarques,
    En est-il un, de tant de rois,
    Qui porte de si nobles marques !
  Se voir du bien par-delà ses souhaits
N'est souvent qu'un bonheur qui fait des misérables ;
Il n'est ni train pompeux ni superbe palais
Qui n'ouvrent quelque porte à des maux incurables :
Mais avoir un amant d'un mérite achevé,
    Et s'en voir chèrement aimée,

14.

C'est un bonheur si haut, si relevé,
Que sa grandeur ne peut être exprimée.

AGLAURE.

N'en parlons plus, ma sœur, nous en mourrions d'ennui :
Songeons plutôt à la vengeance ;
Et trouvons le moyen de rompre entre elle et lui
Cette adorable intelligence.
La voici. J'ai des coups tout prêts à lui porter
Qu'elle aura peine d'éviter.

SCÈNE II.

PSYCHÉ, AGLAURE, CYDIPPE.

PSYCHÉ.

Je viens vous dire adieu ; mon amant vous renvoie,
Et ne sauroit plus endurer
Que vous lui retranchiez un moment de la joie
Qu'il prend de se voir seul à me considérer.
Dans un simple regard, dans la moindre parole,
Son amour trouve des douceurs
Qu'en faveur du sang je lui vole
Quand je le partage à des sœurs.

AGLAURE.

La jalousie est assez fine ;
Et ses délicats sentiments
Méritent bien qu'on s'imagine
Que celui qui pour vous a ces empressements
Passe le commun des amants.
Je vous en parle ainsi, faute de le connoître.

Vous ignorez son nom et ceux dont il tient l'être,
  Nos esprits en sont alarmés.
Je le tiens un grand prince, et d'un pouvoir suprême,
  Bien au-delà du diadème ;
Ses trésors, sous vos pas confusément semés,
Ont de quoi faire honte à l'abondance même ;
  Vous l'aimez autant qu'il vous aime ;
  Il vous charme, et vous le charmez :
Votre félicité, ma sœur, seroit extrême,
  Si vous saviez qui vous aimez.

PSYCHÉ.

Que m'importe ? j'en suis aimée.
Plus il me voit, plus je lui plais.
Il n'est point de plaisirs dont l'ame soit charmée
  Qui ne préviennent mes souhaits ;
Et je vois mal de quoi la vôtre est alarmée
  Quand tout me sert dans ce palais.

AGLAURE.

Qu'importe qu'ici tout vous serve,
Si toujours cet amant vous cache ce qu'il est ?
Nous ne nous alarmons que pour votre intérêt.
En vain tout vous y rit, en vain tout vous y plaît,
Le véritable amour ne fait point de réserve ;
  Et qui s'obstine à se cacher
Sent quelque chose en soi qu'on lui peut reprocher.
  Si cet amant devient volage,
Car souvent en amour le change est assez doux ;
  Et, j'ose le dire entre nous,
Pour grand que soit l'éclat dont brille ce visage,
Il en peut être ailleurs d'aussi belles que vous ;

Si, dis-je, un autre objet sous d'autres lois l'engage ;
    Si dans l'état où je vous voi,
    Seule en ses mains et sans défense,
    Il va jusqu'à la violence,
    Sur qui vous vengera le roi,
Ou de ce changement, ou de cette insolence ?

PSYCHÉ.

Ma sœur, vous me faites trembler.
Juste ciel ! pourrois-je être assez infortunée...

CYDIPPE.

Que sait-on si déja les nœuds de l'hyménée...

PSYCHÉ.

N'achevez pas, ce seroit m'accabler.

AGLAURE.

Je n'ai plus qu'un mot à vous dire.
Ce prince qui vous aime, et qui commande aux vents,
Qui nous donne pour char les ailes du Zéphyre,
Et de nouveaux plaisirs vous comble à tous moments,
Quand il rompt à vos yeux l'ordre de la nature,
Peut-être à tant d'amour mêle un peu d'imposture ;
Peut-être ce palais n'est qu'un enchantement ;
Et ces lambris dorés, ces amas de richesses
    Dont il achète vos tendresses,
Dès qu'il sera lassé de souffrir vos caresses,
    Disparoîtront en un moment.
Vous savez comme nous ce que peuvent les charmes.

PSYCHÉ.

Que je sens à mon tour de cruelles alarmes !

AGLAURE.

Notre amitié ne veut que votre bien.

PSYCHÉ.

Adieu, mes sœurs, finissons l'entretien :
J'aime; et je crains qu'on ne s'impatiente.
Partez; et demain, si je puis,
Vous me verrez, ou plus contente,
Ou dans l'accablement des plus mortels ennuis.

AGLAURE.

Nous allons dire au roi quelle nouvelle gloire,
Quel excès de bonheur le ciel répand sur vous.

CYDIPPE.

Nous allons lui conter d'un changement si doux
La surprenante et merveilleuse histoire.

PSYCHÉ.

Ne l'inquiétez point, ma sœur, de vos soupçons;
Et quand vous lui peindrez un si charmant empire...

AGLAURE.

Nous savons toutes deux ce qu'il faut taire ou dire,
Et n'avons pas besoin sur ce point de leçons.

(Un nuage descend, qui enveloppe les deux sœurs de Psyché;
Zéphyre les enlève dans les airs.)

SCÈNE III.

L'AMOUR, PSYCHÉ.

L'AMOUR.

Enfin vous êtes seule, et je puis vous redire,
Sans avoir pour témoins vos importunes sœurs,
Ce que des yeux si beaux ont pris sur moi d'empire,

Et quel excès ont les douceurs
Qu'une sincère ardeur inspire
Sitôt qu'elle assemble deux cœurs.
Je puis vous expliquer de mon ame ravie
Les amoureux empressements,
Et vous jurer qu'à vous seule asservie
Elle n'a pour objet de ses ravissements
Que de voir cette ardeur de même ardeur suivie,
Ne concevoir plus d'autre envie
Que de régler mes vœux sur vos desirs,
Et de ce qui vous plaît faire tous mes plaisirs.
Mais d'où vient qu'un triste nuage
Semble offusquer l'éclat de ces beaux yeux?
Vous manque-t-il quelque chose en ces lieux?
Des vœux qu'on vous y rend dédaignez-vous l'hommage?

PSYCHÉ.

Non, seigneur.

L'AMOUR.

Qu'est-ce donc? Et d'où vient mon malheur?
J'entends moins de soupirs d'amour que de douleur;
Je vois de votre teint les roses amorties
Marquer un déplaisir secret;
Vos sœurs à peine sont parties,
Que vous soupirez de regret.
Ah! Psyché, de deux cœurs quand l'ardeur est la même,
Ont-ils des soupirs différents?
Et quand on aime bien, et qu'on voit ce qu'on aime,
Peut-on songer à des parents?

PSYCHÉ.

Ce n'est point là ce qui m'afflige.

ACTE IV, SCÈNE III.

L'AMOUR.

Est-ce l'absence d'un rival,
Et d'un rival aimé, qui fait qu'on me néglige?

PSYCHÉ.

Dans un cœur tout à vous que vous pénétrez mal!
Je vous aime, seigneur; et mon amour s'irrite
De l'indigne soupçon que vous avez formé.
Vous ne connoissez pas quel est votre mérite,
  Si vous craignez de n'être pas aimé.
Je vous aime, et depuis que j'ai vu la lumière,
  Je me suis montrée assez fière
  Pour dédaigner les vœux de plus d'un roi;
Et s'il vous faut ouvrir mon ame tout entière,
Je n'ai trouvé que vous qui fût digne de moi.
  Cependant j'ai quelque tristesse
  Qu'en vain je voudrois vous cacher;
Un noir chagrin se mêle à toute ma tendresse,
  Dont je ne la puis détacher.
  Ne m'en demandez point la cause:
Peut-être, la sachant, voudrez-vous m'en punir;
Et si j'ose aspirer encore à quelque chose,
Je suis sûre du moins de ne point l'obtenir.

L'AMOUR.

Et ne craignez-vous point qu'à mon tour je m'irrite
Que vous connoissiez mal quel est votre mérite,
  Ou feigniez de ne pas savoir
  Quel est sur moi votre absolu pouvoir?
Ah! si vous en doutez, soyez désabusée.
Parlez.

PSYCHÉ.
J'aurai l'affront de me voir refusée.
L'AMOUR.
Prenez en ma faveur de meilleurs sentiments,
L'expérience en est aisée;
Parlez, tout se tient prêt à vos commandements.
Si pour m'en croire il vous faut des serments,
J'en jure vos beaux yeux, ces maîtres de mon ame,
Ces divins auteurs de ma flamme;
Et si ce n'est assez d'en jurer vos beaux yeux,
J'en jure par le Styx, comme jurent les dieux.
PSYCHÉ.
J'ose craindre un peu moins après cette assurance.
Seigneur, je vois ici la pompe et l'abondance,
Je vous adore, et vous m'aimez,
Mon cœur en est ravi, mes sens en sont charmés;
Mais, parmi ce bonheur suprême,
J'ai le malheur de ne savoir qui j'aime.
Dissipez cet aveuglement,
Et faites-moi connoître un si parfait amant.
L'AMOUR.
Psyché, que venez-vous de dire?
PSYCHÉ.
Que c'est le bonheur où j'aspire;
Et si vous ne me l'accordez...
L'AMOUR.
Je l'ai juré, je n'en suis plus le maître;
Mais vous ne savez pas ce que vous demandez.
Laissez-moi mon secret. Si je me fais connoître,
Je vous perds, et vous me perdez.

ACTE IV, SCÈNE III.

Le seul remède est de vous en dédire.

PSYCHÉ.

C'est là sur vous mon souverain empire !

L'AMOUR.

Vous pouvez tout, et je suis tout à vous.
Mais si nos feux vous semblent doux,
Ne mettez point d'obstacle à leur charmante suite ;
Ne me forcez point à la fuite :
C'est le moindre malheur qui vous puisse arriver
D'un souhait qui vous a séduite.

PSYCHÉ.

Seigneur, vous voulez m'éprouver ;
Mais je sais ce que j'en dois croire.
De grace, apprenez-moi tout l'excès de ma gloire,
Et ne me cachez plus pour quel illustre choix
J'ai rejeté les vœux de tant de rois.

L'AMOUR.

Le voulez-vous ?

PSYCHÉ.

Souffrez que je vous en conjure.

L'AMOUR.

Si vous saviez, Psyché, la cruelle aventure
Que par-là vous vous attirez...

PSYCHÉ.

Seigneur, vous me désespérez.

L'AMOUR.

Pensez-y bien, je puis encor me taire.

PSYCHÉ.

Faites-vous des serments pour n'y point satisfaire ?

PSYCHÉ.

L'AMOUR.

Hé bien! je suis le dieu le plus puissant des dieux,
Absolu sur la terre, absolu dans les cieux;
Dans les eaux, dans les airs, mon pouvoir est suprême;
  En un mot je suis l'Amour même
Qui de mes propres traits m'étois blessé pour vous;
Et sans la violence, hélas! que vous me faites,
Et qui vient me changer mon amour en courroux,
  Vous m'alliez avoir pour époux.
  Vos volontés sont satisfaites,
  Vous avez su qui vous aimiez,
 Vous connoissez l'amant que vous charmiez,
  Psyché, voyez où vous en êtes:
Vous me forcez vous-même à vous quitter;
Vous me forcez vous-même à vous ôter
  Tout l'effet de votre victoire.
Peut-être vos beaux yeux ne me reverront plus.
Ce palais, ces jardins, avec moi disparus,
Vont faire évanouir votre naissante gloire.
  Vous n'avez pas voulu m'en croire;
 Et, pour tout fruit de ce doute éclairci,
  Le Destin, sous qui le ciel tremble,
Plus fort que mon amour, que tous les dieux ensemble,
Vous va montrer sa haine, et me chasse d'ici.

  (L'Amour s'envole, et le jardin s'évanouit.)

SCÈNE IV.

Le théâtre représente un désert et les bords sauvages d'un fleuve.

PSYCHÉ; LE DIEU DU FLEUVE, assis sur un amas de roseaux et appuyé sur une urne.

PSYCHÉ.

Cruel destin! funeste inquiétude!
 Fatale curiosité!
Qu'avez-vous fait, affreuse solitude,
 De toute ma félicité?
J'aimois un dieu, j'en étois adorée,
Mon bonheur redoubloit de moment en moment;
 Et je me vois, seule, éplorée,
Au milieu d'un désert, où, pour accablement,
 Et confuse et désespérée,
Je sens croître l'amour quand j'ai perdu l'amant.
 Le souvenir m'en charme et m'empoisonne;
Sa douceur tyrannise un cœur infortuné
Qu'aux plus cuisants chagrins ma flamme a condamné.
 O ciel! quand l'Amour m'abandonne,
Pourquoi me laisse-t-il l'amour qu'il m'a donné?
Source de tous les biens inépuisable et pure,
 Maître des hommes et des dieux,
 Cher auteur des maux que j'endure,
Êtes-vous pour jamais disparu de mes yeux?
 Je vous en ai banni moi-même.
Dans un excès d'amour, dans un bonheur extrême,

D'un indigne soupçon mon cœur s'est alarmé.
Cœur ingrat, tu n'avois qu'un feu mal allumé ;
Et l'on ne peut vouloir, du moment que l'on aime,
  Que ce que veut l'objet aimé.
Mourons, c'est le parti qui seul me reste à suivre
   Après la perte que je fais.
   Pour qui, grands dieux ! voudrois-je vivre ?
  Et pour qui former des souhaits ?
Fleuve, de qui les eaux baignent ces tristes sables,
  Ensevelis mon crime dans tes flots ;
  Et, pour finir des maux si déplorables,
Laisse-moi dans ton lit assurer mon repos.

    LE DIEU DU FLEUVE.

   Ton trépas souilleroit mes ondes,
   Psyché ; le ciel te le défend ;
Et peut-être qu'après des douleurs si profondes
    Un autre sort t'attend.
Fuis plutôt de Vénus l'implacable colère ;
Je la vois qui te cherche et qui te veut punir :
L'amour du fils a fait la haine de la mère.
   Fuis, je saurai la retenir.

     PSYCHÉ.

   J'attends ses fureurs vengeresses ;
Qu'auront-elles pour moi qui ne me soit trop doux ?
Qui cherche le trépas ne craint dieux ni déesses,
   Et peut braver tout leur courroux.

SCÈNE V.

VÉNUS, PSYCHÉ, LE DIEU DU FLEUVE.

VÉNUS.

Orgueilleuse Psyché, vous m'osez donc attendre,
Après m'avoir sur terre enlevé mes honneurs,
  Après que vos traits suborneurs
Ont reçu les encens qu'aux miens seuls on doit rendre?
  J'ai vu mes temples désertés ;
J'ai vu tous les mortels, séduits par vos beautés,
Idolâtrer en vous la beauté souveraine,
Vous offrir des respects jusqu'alors inconnus,
  Et ne se mettre pas en peine
  S'il étoit une autre Vénus :
  Et je vous vois encor l'audace
De n'en pas redouter les justes châtiments,
  Et de me regarder en face,
Comme si c'étoit peu que mes ressentiments?

PSYCHÉ.

Si de quelques mortels on m'a vue adorée,
Est-ce un crime pour moi d'avoir eu des appas
  Dont leur ame inconsidérée
Laissoit charmer des yeux qui ne vous voyoient pas?
  Je suis ce que le ciel m'a faite,
Je n'ai que les beautés qu'il m'a voulu prêter ;
Si les vœux qu'on m'offroit vous ont mal satisfaite,
Pour forcer tous les cœurs à vous les reporter,

15.

Vous n'aviez qu'à vous présenter,
Qu'à ne leur cacher plus cette beauté parfaite
Qui, pour les rendre à leur devoir,
Pour se faire adorer, n'a qu'à se faire voir.

VÉNUS.

Il falloit vous en mieux défendre.
Ces respects, ces encens, se doivent refuser;
Et, pour les mieux désabuser,
Il falloit à leurs yeux vous-même me les rendre.
Vous avez aimé cette erreur
Pour qui vous ne deviez avoir que de l'horreur;
Vous avez bien fait plus; votre humeur arrogante
Sur le mépris de mille rois
Jusques aux cieux a porté de son choix
L'ambition extravagante.

PSYCHÉ.

J'aurois porté mon choix, déesse, jusqu'aux cieux?

VÉNUS.

Votre innocence est sans seconde.
Dédaigner tous les rois du monde,
N'est-ce pas aspirer aux dieux?

PSYCHÉ.

Si l'Amour pour eux tous m'avoit endurci l'ame,
Et me réservoit toute à lui,
En puis-je être coupable? et faut-il qu'aujourd'hui,
Pour prix d'une si belle flamme,
Vous vouliez m'accabler d'un éternel ennui?

VÉNUS.

Psyché, vous deviez mieux connoître
Qui vous étiez, et quel étoit ce dieu.

ACTE IV, SCÈNE V.

PSYCHÉ.

Et m'en a-t-il donné ni le temps ni le lieu ;
Lui qui de tout mon cœur d'abord s'est rendu maître ?

VÉNUS.

Tout votre cœur s'en est laissé charmer,
Et vous l'avez aimé dès qu'il vous a dit, J'aime.

PSYCHÉ.

Pouvois-je n'aimer pas le dieu qui fait aimer,
Et qui me parloit pour lui-même ?
C'est votre fils ; vous savez son pouvoir ;
Vous en connoissez le mérite.

VÉNUS.

Oui, c'est mon fils, mais un fils qui m'irrite ;
Un fils qui me rend mal ce qu'il sait me devoir ;
Un fils qui fait qu'on m'abandonne,
Et qui, pour mieux flatter ses indignes amours,
Depuis que vous l'aimez ne blesse plus personne
Qui vienne à mes autels implorer mon secours.
Vous m'en avez fait un rebelle.
On m'en verra vengée, et hautement, sur vous ;
Et je vous apprendrai s'il faut qu'une mortelle
Souffre qu'un dieu soupire à ses genoux.
Suivez-moi ; vous verrez, par votre expérience,
A quelle folle confiance
Vous portoit cette ambition.
Venez, et préparez autant de patience
Qu'on vous voit de présomption.

FIN DU QUATRIÈME ACTE.

QUATRIÈME INTERMÈDE.

La scène représente les enfers. On y voit une mer toute de feu, dont les flots sont dans une perpétuelle agitation. Cette mer effroyable est bornée par des ruines enflammées; et au milieu de ses flots agités, au travers d'une gueule affreuse, paroît le palais infernal de Pluton.

PREMIÈRE ENTRÉE DE BALLET.

(Des furies se réjouissent d'avoir allumé la rage dans l'ame de la plus douce des divinités.)

DEUXIÈME ENTRÉE DE BALLET.

(Des lutins, faisant des sauts périlleux, se mêlent avec les furies, et essaient d'épouvanter Psyché; mais les charmes de sa beauté obligent les furies et les lutins à se retirer.)

FIN DU QUATRIÈME INTERMÈDE.

ACTE CINQUIÈME.

Psyché passe dans une barque, et paroît avec la boîte qu'elle a été demander à Proserpine de la part de Vénus.

SCÈNE I.

PSYCHÉ.

Effroyables replis des ondes infernales,
Noirs palais où Mégère et ses sœurs font leur cour,
  Éternels ennemis du jour,
Parmi vos Ixions et parmi vos Tantales,
Parmi tant de tourments qui n'ont point d'intervalles,
  Est-il dans votre affreux séjour
  Quelques peines qui soient égales
Aux travaux où Vénus condamne mon amour?
  Elle n'en peut être assouvie;
Et depuis qu'à ses lois je me trouve asservie,
Depuis qu'elle me livre à ses ressentiments,
  Il m'a fallu dans ces cruels moments
   Plus d'une ame et plus d'une vie
   Pour remplir ses commandements.
   Je souffrirois tout avec joie,
Si, parmi les rigueurs que sa haine déploie,
Mes yeux pouvoient revoir, ne fût-ce qu'un moment,

Ce cher, cet adorable amant.
Je n'ose le nommer : ma bouche, criminelle
    D'avoir trop exigé de lui,
S'en est rendue indigne, et, dans ce dur ennui,
    La souffrance la plus mortelle
Dont m'accable à toute heure un renaissant trépas
    Est celle de ne le voir pas.
    Si son courroux duroit encore,
Jamais aucun malheur n'approcheroit du mien ;
Mais s'il avoit pitié d'une ame qui l'adore,
Quoi qu'il fallût souffrir, je ne souffrirois rien.
Oui, destins, s'il calmoit cette juste colère,
    Tous mes malheurs seroient finis :
Pour me rendre insensible aux fureurs de la mère
    Il ne faut qu'un regard du fils.
Je n'en veux plus douter, il partage ma peine ;
Il voit ce que je souffre, et souffre comme moi :
    Tout ce que j'endure le gêne ;
Lui-même il s'en impose une amoureuse loi.
En dépit de Vénus, en dépit de mon crime,
C'est lui qui me soutient, c'est lui qui me ranime
Au milieu des périls où l'on me fait courir ;
Il garde la tendresse où son feu le convie,
Et prend soin de me rendre une nouvelle vie
    Chaque fois qu'il me faut mourir.
    Mais que me veulent ces deux ombres
Qu'à travers le faux jour de ces demeures sombres
    J'entrevois s'avancer vers moi ?

SCÈNE II.

PSYCHÉ, CLÉOMÈNE, AGÉNOR.

PSYCHÉ.

Cléomène, Agénor, est-ce vous que je voi ?
　　Qui vous a ravi la lumière ?

CLÉOMÈNE.

La plus juste douleur qui d'un beau désespoir
　　Nous eût pu fournir la matière ;
Cette pompe funèbre où du sort le plus noir
　　Vous attendiez la rigueur la plus fière,
　　　L'injustice la plus entière.

AGÉNOR.

Sur ce même rocher où le ciel en courroux
　　Vous promettoit au lieu d'époux
Un serpent dont soudain vous seriez dévorée,
　　Nous tenions la main préparée
A repousser sa rage, ou mourir avec vous.
Vous le savez, princesse ; et lorsqu'à notre vue
Par le milieu des airs vous êtes disparue,
Du haut de ce rocher, pour suivre vos beautés,
Ou plutôt pour goûter cette amoureuse joie
D'offrir pour vous au monstre une première proie,
D'amour et de douleur l'un et l'autre emportés,
　　Nous nous sommes précipités.

CLÉOMÈNE.

Heureusement déçus au sens de votre oracle,
Nous en avons ici reconnu le miracle,

Et su que le serpent prêt à vous dévorer
Étoit le dieu qui fait qu'on aime,
Et qui, tout dieu qu'il est, vous adorant lui-même,
Ne pouvoit endurer
Qu'un mortel comme nous osât vous adorer.

AGÉNOR.

Pour prix de vous avoir suivie
Nous jouissons ici d'un trépas assez doux.
Qu'avions-nous affaire de vie,
Si nous ne pouvions être à vous ?
Nous revoyons ici vos charmes,
Qu'aucun des deux là-haut n'auroit revus jamais.
Heureux si nous voyons la moindre de vos larmes
Honorer des malheurs que vous nous avez faits !

PSYCHÉ.

Puis-je avoir des larmes de reste,
Après qu'on a porté les miens au dernier point ?
Unissons nos soupirs dans un sort si funeste;
Les soupirs ne s'épuisent point.
Mais vous soupireriez, princes, pour une ingrate.
Vous n'avez point voulu survivre à mes malheurs :
Et, quelque douleur qui m'abatte,
Ce n'est point pour vous que je meurs.

CLÉOMÈNE.

L'avons-nous mérité, nous dont toute la flamme
Ne fait que vous lasser du récit de nos maux?

PSYCHÉ.

Vous pouviez mériter, princes, toute mon ame,
Si vous n'eussiez été rivaux.
Ces qualités incomparables

Qui de l'un et de l'autre accompagnoient les vœux
    Vous rendoient tous deux trop aimables
    Pour mépriser aucun des deux.

AGÉNOR.

Vous avez pu, sans être injuste ni cruelle,
Nous refuser un cœur réservé pour un dieu.
Mais revoyez Vénus. Le destin nous rappelle,
    Et nous force à vous dire adieu.

PSYCHÉ.

Ne vous donne-t-il point le loisir de me dire
    Quel est ici votre séjour?

CLÉOMÈNE.

Dans des bois toujours verts, où d'amour on respire,
    Aussitôt qu'on est mort d'amour :
D'amour on y revit, d'amour on y soupire,
Sous les plus douces lois de son heureux empire ;
Et l'éternelle nuit n'ose en chasser le jour
      Que lui-même il attire
    Sur nos fantômes qu'il inspire,
Et dont aux enfers même il se fait une cour.

AGÉNOR.

Vos envieuses sœurs, après nous descendues,
    Pour vous perdre se sont perdues;
    Et l'une et l'autre tour à tour,
Pour le prix d'un conseil qui leur coûte la vie,
A côté d'Ixion, à côté de Titye,
Souffrent tantôt la roue, et tantôt le vautour.
L'amour, par les zéphyrs, s'est fait prompte justice
De leur envenimée et jalouse malice :
Ces ministres ailés de son juste courroux,

Sous couleur de les rendre encore auprès de vous,
Ont plongé l'une et l'autre au fond d'un précipice,
Où le spectacle affreux de leurs corps déchirés
N'étale que le moindre et le premier supplice
    De ces conseils dont l'artifice
    Fait les maux dont vous soupirez.

PSYCHÉ.

Que je les plains!

CLÉOMÈNE.

        Vous êtes seule à plaindre.
Mais nous demeurons trop à vous entretenir;
Adieu. Puissions-nous vivre en votre souvenir!
Puissiez-vous, et bientôt, n'avoir plus rien à craindre!
Puisse, et bientôt, l'Amour vous enlever aux cieux,
    Vous y mettre à côté des dieux,
Et, rallumant un feu qui ne se puisse éteindre,
Affranchir à jamais l'éclat de vos beaux yeux
    D'augmenter le jour en ces lieux!

SCÈNE III.

PSYCHÉ.

    Pauvres amants! leur amour dure encore!
  Tout morts qu'ils sont, l'un et l'autre m'adore,
Moi, dont la dureté reçut si mal leurs vœux!
Tu n'en fais pas ainsi, toi qui seul m'as ravie,
Amant que j'aime encor cent fois plus que ma vie,
    Et qui brises de si beaux nœuds!

ACTE V, SCÈNE III.

Ne me fuis plus, et souffre que j'espère
Que tu pourras un jour rabaisser l'œil sur moi,
Qu'à force de souffrir j'aurai de quoi te plaire,
  De quoi me rengager ta foi.
Mais ce que j'ai souffert m'a trop défigurée
  Pour rappeler un tel espoir;
  L'œil abattu, triste, désespérée,
  Languissante et décolorée,
  De quoi puis-je me prévaloir,
Si, par quelque miracle, impossible à prévoir,
Ma beauté qui t'a plu ne se voit réparée?
  Je porte ici de quoi la réparer.
  Ce trésor de beauté divine,
Qu'en mes mains pour Vénus a remis Proserpine,
Enferme des appas dont je puis m'emparer;
  Et l'éclat en doit être extrême,
  Puisque Vénus, la beauté même,
  Les demande pour se parer.
En dérober un peu, seroit-ce un si grand crime?
Pour plaire aux yeux d'un dieu qui s'est fait mon amant,
Pour regagner son cœur et finir mon tourment,
  Tout n'est-il pas trop légitime?
Ouvrons. Quelles vapeurs m'offusquent le cerveau!
Et que vois-je sortir de cette boîte ouverte?
Amour, si ta pitié ne s'oppose à ma perte,
Pour ne revivre plus je descends au tombeau.

       (Psyché s'évanouit.)

SCÈNE IV.

L'AMOUR; PSYCHÉ, évanouie.

L'AMOUR.

Votre péril, Psyché, dissipe ma colère,
Ou plutôt de mes feux l'ardeur n'a point cessé;
Et bien qu'au dernier point vous m'ayez su déplaire,
    Je ne me suis intéressé
    Que contre celle de ma mère.
J'ai vu tous vos travaux, j'ai suivi vos malheurs,
Mes soupirs ont partout accompagné vos pleurs.
Tournez les yeux vers moi, je suis encor le même.
Quoi! je dis et redis tout haut que je vous aime,
Et vous ne dites point, Psyché, que vous m'aimez!
Est-ce que pour jamais vos beaux yeux sont fermés,
Qu'à jamais la clarté leur vient d'être ravie?
O mort! devois-tu prendre un dard si criminel,
Et, sans aucun respect pour mon être éternel,
    Attenter à ma propre vie?
    Combien de fois, ingrate déité,
      Ai-je grossi ton noir empire
    Par les mépris et par la cruauté
    D'une orgueilleuse ou farouche beauté?
    Combien même, s'il le faut dire,
    T'ai-je immolé de fidèles amants
      A force de ravissements!
    Va, je ne blesserai plus d'ames,

Je ne percerai plus de cœurs
Qu'avec des dards trempés aux divines liqueurs
Qui nourrissent du ciel les immortelles flammes,
Et n'en lancerai plus que pour faire à tes yeux
  Autant d'amants, autant de dieux.
  Et vous, impitoyable mère,
  Qui la forcez à m'arracher
  Tout ce que j'avois de plus cher,
Craignez, à votre tour, l'effet de ma colère.
  Vous me voulez faire la loi,
Vous, qu'on voit si souvent la recevoir de moi !
Vous qui portez un cœur sensible comme un autre,
Vous enviez au mien les délices du vôtre !
Mais dans ce même cœur j'enfoncerai des coups
Qui ne seront suivis que de chagrins jaloux ;
Je vous accablerai de honteuses surprises,
Et choisirai partout, à vos vœux les plus doux,
  Des Adonis et des Anchises
  Qui n'auront que haine pour vous.

SCÈNE V.

VÉNUS, L'AMOUR ; PSYCHÉ, évanouie.

VÉNUS.

  La menace est respectueuse ;
  Et d'un enfant qui fait le révolté
  La colère présomptueuse...

L'AMOUR.

Je ne suis plus enfant, et je l'ai trop été ;

Et ma colère est juste autant qu'impétueuse.
VÉNUS.
L'impétuosité s'en devroit retenir,
  Et vous pourriez vous souvenir
  Que vous me devez la naissance.
L'AMOUR.
  Et vous pourriez n'oublier pas
  Que vous avez un cœur et des appas
  Qui relèvent de ma puissance ;
Que mon arc de la vôtre est l'unique soutien ;
  Que sans mes traits elle n'est rien ;
  Et que, si les cœurs les plus braves
En triomphe par vous se sont laissé traîner,
  Vous n'avez jamais fait d'esclaves
  Que ceux qu'il m'a plu d'enchaîner.
Ne me vantez donc plus ces droits de la naissance
  Qui tyrannisent mes desirs ;
Et, si vous ne voulez perdre mille soupirs,
Songez en me voyant à la reconnoissance,
  Vous qui tenez de ma puissance
  Et votre gloire et vos plaisirs.
VÉNUS.
  Comment l'avez-vous défendue,
  Cette gloire dont vous parlez ?
  Comment me l'avez-vous rendue ?
Et quand vous avez vu mes autels désolés,
  Mes temples violés,
  Mes honneurs ravalés,
Si vous avez pris part à tant d'ignominie,
  Comment en a-t-on vu punie

Psyché qui me les a volés?
Je vous ai commandé de la rendre charmée
　　Du plus vil de tous les mortels;
Qui ne daignât répondre à son ame enflammée
　　　Que par des rebuts éternels,
　　　Par les mépris les plus cruels :
　　　Et vous-même l'avez aimée !
Vous avez contre moi séduit des immortels;
C'est pour vous qu'à mes yeux les zéphyrs l'ont cachée,
　　　Qu'Apollon même suborné
　　Par un oracle adroitement tourné
　　　Me l'avoit si bien arrachée,
　　　Que si sa curiosité,
　　　Par une aveugle défiance,
　　　Ne l'eût rendue à ma vengeance,
　　Elle échappoit à mon cœur irrité.
　　Voyez l'état où votre amour l'a mise,
　　Votre Psyché; son ame va partir :
Voyez; et si la vôtre en est encore éprise,
　　　Recevez son dernier soupir.
Menacez, bravez-moi, cependant qu'elle expire.
　　　Tant d'insolence vous sied bien !
Et je dois endurer quoi qu'il vous plaise dire,
　　　Moi qui, sans vos traits, ne puis rien !

　　　　　　L'AMOUR.

Vous ne pouvez que trop, déesse impitoyable;
Le destin l'abandonne à tout votre courroux.
　　　Mais soyez moins inexorable
Aux prières, aux pleurs d'un fils à vos genoux.
　　Ce doit vous être un spectacle assez doux

De voir d'un œil Psyché mourante,
Et de l'autre ce fils, d'une voix suppliante,
Ne vouloir plus tenir son bonheur que de vous.
Rendez-moi ma Psyché, rendez-lui tous ses charmes :
    Rendez-la, déesse, à mes larmes ;
Rendez à mon amour, rendez à ma douleur,
Le charme de mes yeux et le choix de mon cœur.

VÉNUS.

    Quelque amour que Psyché vous donne,
De ses malheurs par moi n'attendez pas la fin ;
    Si le destin me l'abandonne,
    Je l'abandonne à son destin.
Ne m'importunez plus ; et dans cette infortune
Laissez-la sans Vénus triompher ou périr.

L'AMOUR.

    Hélas ! si je vous importune,
Je ne le ferois pas, si je pouvois mourir.

VÉNUS.

    Cette douleur n'est pas commune
Qui force un immortel à souhaiter la mort.

L'AMOUR.

Voyez par son excès si mon amour est fort.
    Ne lui ferez-vous grace aucune ?

VÉNUS.

    Je vous l'avoue, il me touche le cœur,
Votre amour ; il désarme, il fléchit ma rigueur.
    Votre Psyché reverra la lumière.

L'AMOUR.

Que je vous vais partout faire donner d'encens !

VÉNUS.

Oui, vous la reverrez dans sa beauté première :
Mais de vos vœux reconnoissants
Je veux la déférence entière ;
Je veux qu'un vrai respect laisse à mon amitié
Vous choisir une autre moitié.

L'AMOUR.

Et moi je ne veux plus de grace,
Je reprends toute mon audace ;
Je veux Psyché, je veux sa foi ;
Je veux qu'elle revive, et revive pour moi,
Et tiens indifférent que votre haine lasse
En faveur d'une autre se passe.
Jupiter, qui paroît, va juger entre nous
De mes emportements et de votre courroux.

(Après quelques éclairs et des roulements de tonnerre, Jupiter paroît en l'air, sur son aigle, et descend sur terre.)

SCÈNE VI.

JUPITER, VÉNUS, L'AMOUR ; PSYCHÉ, évanouie.

L'AMOUR.

Vous à qui seul tout est possible,
Père des dieux, souverain des mortels,
Fléchissez la rigueur d'une mère inflexible,
Qui sans moi n'auroit point d'autels.
J'ai pleuré, j'ai prié, je soupire, menace,
Et perds menaces et soupirs.

Elle ne veut pas voir que de mes déplaisirs
Dépend du monde entier l'heureuse ou triste face,
  Et que, si Psyché perd le jour,
Si Psyché n'est à moi, je ne suis plus l'Amour.
Oui, je romprai mon arc, je briserai mes flèches,
  J'éteindrai jusqu'à mon flambeau,
Je laisserai languir la nature au tombeau;
Ou, si je daigne aux cœurs faire encor quelques brèches
Avec ces pointes d'or qui me font obéir,
Je vous blesserai tous là-haut pour des mortelles,
  Et ne décocherai sur elles
Que des traits émoussés qui forcent à haïr,
  Et qui ne font que des rebelles,
  Des ingrates et des cruelles.
  Par quelle tyrannique loi
Tiendrai-je à vous servir mes armes toujours prêtes,
Et vous ferai-je à tous conquêtes sur conquêtes,
Si vous me défendez d'en faire une pour moi?

    JUPITER, à Vénus.

  Ma fille, sois-lui moins sévère.
Tu tiens de sa Psyché le destin en tes mains;
La Parque, au moindre mot, va suivre ta colère :
Parle, et laisse-toi vaincre aux tendresses de mère,
Ou redoute un courroux que moi-même je crains.
  Veux-tu donner le monde en proie
A la haine, au désordre, à la confusion,
   Et d'un dieu d'union,
  D'un dieu de douceur et de joie,
Faire un dieu d'amertume et de division?
  Considère ce que nous sommes,

Et si les passions doivent nous dominer :
Plus la vengeance a de quoi plaire aux hommes,
Plus il sied bien aux dieux de pardonner.

VÉNUS.

Je pardonne à ce fils rebelle.
Mais voulez-vous qu'il me soit reproché
Qu'une misérable mortelle,
L'objet de mon courroux, l'orgueilleuse Psyché,
Sous ombre qu'elle est un peu belle,
Par un hymen dont je rougis
Souille mon alliance et le lit de mon fils ?

JUPITER.

Hé bien ! je la fais immortelle,
Afin d'y rendre tout égal.

VÉNUS.

Je n'ai plus de mépris ni de haine pour elle,
Et l'admets à l'honneur de ce nœud conjugal.
Psyché, reprenez la lumière,
Pour ne la reperdre jamais.
Jupiter a fait votre paix,
Et je quitte cette humeur fière
Qui s'opposoit à vos souhaits.

PSYCHÉ, sortant de son évanouissement.

C'est donc vous, ô grande déesse !
Qui redonnez la vie à ce cœur innocent ?

VÉNUS.

Jupiter vous fait grace, et ma colère cesse.
Vivez, Vénus l'ordonne ; aimez, elle y consent.

PSYCHÉ, à l'Amour.

Je vous revois enfin, cher objet de ma flamme !

L'AMOUR, à Psyché.

Je vous possède enfin, délices de mon ame!

JUPITER.

Venez, amants, venez aux cieux,
Achever un si grand et si digne hyménée.
Viens-y, belle Psyché, changer de destinée;
Viens prendre place au rang des dieux.

FIN DU CINQUIÈME ACTE.

CINQUIÈME INTERMÈDE.

Le théâtre représente le ciel. Le palais de Jupiter descend, et laisse voir dans l'éloignement, par trois suites de perspectives, les autres palais des dieux du ciel les plus puissants. Un nuage sort du théâtre, sur lequel l'Amour et Psyché se placent, et sont enlevés par un second nuage, qui vient en descendant se joindre au premier; Jupiter et Vénus se croisent en l'air dans leurs machines, et se rangent près de l'Amour et de Psyché.

Les divinités qui avoient été partagées entre Vénus et son fils se réunissent en les voyant d'accord; et toutes ensemble, par des concerts, des chants et des danses, célèbrent la fête des noces de l'Amour et de Psyché.

JUPITER, VÉNUS, L'AMOUR, PSYCHÉ, CHOEUR DES DIVINITÉS CÉLESTES. — APOLLON, LES MUSES; LES ARTS, travestis en bergers.—BACCHUS, SILÈNE, SATYRES, ÉGIPANS, MÉNADES. — MOME, POLICHINELLES, MATASSINS, MARS, TROUPES DE GUERRIERS.

APOLLON.

Unissons-nous, troupe immortelle;
Le dieu d'amour devient heureux amant,
Et Vénus a repris sa douceur naturelle
En faveur d'un fils si charmant;
Il va goûter en paix, après un long tourment,
Une félicité qui doit être éternelle.

CHOEUR des divinités célestes.

Célébrons ce grand jour;
Célébrons tous une fête si belle;
Que nos chants en tous lieux en portent la nouvelle,
Qu'ils fassent retentir le céleste séjour.
Chantons, répétons tour à tour,
Qu'il n'est point d'ame si cruelle,
Qui tôt ou tard ne se rende à l'amour.

BACCHUS.

Si quelquefois,
Suivant nos douces lois,
La raison se perd et s'oublie,
Ce que le vin nous cause de folie
Commence et finit en un jour;
Mais quand un cœur est enivré d'amour,
Souvent c'est pour toute la vie.

MOME.

Je cherche à médire
Sur la terre et dans les cieux :
Je soumets à ma satire
Les plus grands des dieux.
Il n'est dans l'univers que l'Amour qui m'étonne;
Il est le seul que j'épargne aujourd'hui :
Il n'appartient qu'à lui
De n'épargner personne.

MARS.

Mes plus fiers ennemis, vaincus ou pleins d'effroi,
Ont vu toujours ma valeur triomphante;
L'Amour est le seul qui se vante
D'avoir pu triompher de moi.

CHOEUR des divinités célestes.

Chantons les plaisirs charmants

Des heureux amants ;
Que tout le ciel s'empresse
A leur faire sa cour.
Célébrons ce beau jour
Par mille doux chants d'allégresse,
Célébrons ce beau jour
Par mille doux chants pleins d'amour.

PREMIÈRE ENTRÉE DE BALLET.

SUITE D'APOLLON.

Danse des arts, travestis en bergers.

Le dieu qui nous engage
A lui faire la cour,
Défend qu'on soit sage.
Les plaisirs ont leur tour :
C'est leur plus doux usage
Que de finir les soins du jour.
La nuit est le partage
Des jeux et de l'amour.
Ce seroit grand dommage
Qu'en ce charmant séjour
On eût un cœur sauvage.
Les plaisirs ont leur tour :
C'est leur plus doux usage
Que de finir les soins du jour.
La nuit est le partage
Des jeux et de l'amour.

DEUX MUSES.

Gardez-vous, beautés sévères,

Les amours font trop d'affaires :
Craignez toujours de vous laisser charmer.
Quand il faut que l'on soupire,
Tout le mal n'est pas de s'enflammer;
Le martyre
De le dire
Coûte plus cent fois que d'aimer.
On ne peut aimer sans peines,
Il est peu de douces chaînes,
A tout moment on se sent alarmer;
Quand il faut que l'on soupire,
Tout le mal n'est pas de s'enflammer;
Le martyre
De le dire
Coûte plus cent fois que d'aimer.

DEUXIÈME ENTRÉE DE BALLET.

SUITE DE BACCHUS.

Danse des Ménades et des Egipans.

BACCHUS.

Admirons le jus de la treille :
Qu'il est puissant ! qu'il a d'attraits !
Il sert aux douceurs de la paix,
Et dans la guerre il fait merveille;
Mais surtout pour les amours,
Le vin est d'un grand secours.

SILÈNE, *monté sur un âne.*

Bacchus veut qu'on boive à longs traits.
On ne se plaint jamais

Sous son heureux empire :
Tout le jour on n'y fait que rire,
Et la nuit on y dort en paix.
Ce dieu rend nos vœux satisfaits :
Que sa cour a d'attraits!
Chantons-y bien sa gloire.
Tout le jour on n'y fait que boire,
Et la nuit on y dort en paix.

SILÈNE et DEUX SATYRES ENSEMBLE.

Voulez-vous des douceurs parfaites?
Ne les cherchez qu'au fond des pots.

PREMIER SATYRE.

Les grandeurs sont sujettes
A mille peines secrètes.

SECOND SATYRE.

L'amour fait perdre le repos.

TOUS TROIS ENSEMBLE.

Voulez-vous des douceurs parfaites?
Ne les cherchez qu'au fond des pots.

PREMIER SATYRE.

C'est là que sont les ris, les jeux, les chansonnettes.

SECOND SATYRE.

C'est dans le vin qu'on trouve les bons mots.

TOUS TROIS ENSEMBLE.

Voulez-vous des douceurs parfaites?
Ne les cherchez qu'au fond des pots.

TROISIÈME ENTRÉE DE BALLET.

(Deux autres satyres enlèvent Silène de dessus son âne, qui leur sert à voltiger, et à former des jeux agréables et surprenants.)

PSYCHÉ.

QUATRIÈME ENTRÉE DE BALLET.

SUITE DE MOME.

Danse de polichinelles et de matassins.

MOME.

Folâtrons, divertissons-nous,
Raillons; nous ne saurions mieux faire :
La raillerie est nécessaire
Dans les jeux les plus doux.
Sans la douceur que l'on goûte à médire,
On trouve peu de plaisirs sans ennui;
Rien n'est si plaisant que de rire,
Quand on rit aux dépens d'autrui.
Plaisantons, ne pardonnons rien.
Rions, rien n'est plus à la mode;
On court péril d'être incommode
En disant trop de bien.
Sans la douceur que l'on goûte à médire,
On trouve peu de plaisirs sans ennui;
Rien n'est si plaisant que de rire,
Quand on rit aux dépens d'autrui.

CINQUIÈME ENTRÉE DE BALLET.

SUITE DE MARS.

MARS.

Laissons en paix toute la terre.
Cherchons de doux amusements;

Parmi les jeux les plus charmants
Mêlons l'image de la guerre.

(Quatre guerriers portant des masses et des boucliers, quatre autres armés de piques, et quatre autres avec des drapeaux, font, en dansant, une manière d'exercice.)

SIXIÈME ENTRÉE DE BALLET.

(Les quatre troupes différentes de la suite d'Apollon, de Bacchus, de Mome, et de Mars, s'unissent et se mêlent ensemble.)

CHOEUR DES DIVINITÉS CÉLESTES.

Chantons les plaisirs charmants
Des heureux amants.
Répondez-nous, trompettes,
Timbales et tambours ;
Accordez-vous toujours
Avec le doux son des musettes,
Accordez-vous toujours
Avec le doux chant des amours.

FIN DE PSYCHÉ.

LES

FEMMES SAVANTES,

COMÉDIE

EN CINQ ACTES ET EN VERS,

Représentée à Paris, sur le théâtre du Palais-Royal,
le 11 mars 1672.

PERSONNAGES.

CHRYSALE, bourgeois.
PHILAMINTE, femme de Chrysale.
ARMANDE, fille de Chrysale et de Philaminte.
HENRIETTE, fille de Chrysale et de Philaminte.
ARISTE, frère de Chrysale.
BÉLISE, sœur de Chrysale.
CLITANDRE, amant d'Henriette.
TRISSOTIN, bel-esprit.
VADIUS, savant.
MARTINE, servante.
LÉPINE, valet de Chrysale.
JULIEN, valet de Vadius.
UN NOTAIRE.

La scène est à Paris, dans la maison de Chrysale.

LES FEMMES SAVANTES.

ACTE PREMIER.

SCÈNE I.

ARMANDE, HENRIETTE.

ARMANDE.

Quoi! le beau nom de fille est un titre, ma sœur,
Dont vous voulez quitter la charmante douceur!
Et de vous marier vous osez faire fête!
Ce vulgaire dessein vous peut monter en tête!

HENRIETTE.

Oui, ma sœur.

ARMANDE.

Ah! ce oui se peut-il supporter?
Et sans un mal de cœur sauroit-on l'écouter?

HENRIETTE.

Qu'a donc le mariage en soi qui vous oblige,
Ma sœur...?

ARMANDE.

Ah! mon dieu! fi!

HENRIETTE.

Comment!

ARMANDE.

Ah! fi! vous dis-je.
Ne concevez-vous point ce que, dès qu'on l'entend,
Un tel mot à l'esprit offre de dégoûtant,
De quelle étrange image on est par lui blessée,
Sur quelle sale vue il traîne la pensée?
N'en frissonnez-vous point? et pouvez-vous, ma sœur,
Aux suites de ce mot résoudre votre cœur?

HENRIETTE.

Les suites de ce mot, quand je les envisage,
Me font voir un mari, des enfants, un ménage;
Et je ne vois rien là, si j'en puis raisonner,
Qui blesse la pensée, et fasse frissonner.

ARMANDE.

De tels attachements, ô ciel, sont pour vous plaire!

HENRIETTE.

Et qu'est-ce qu'à mon age on a de mieux à faire,
Que d'attacher à soi, par le titre d'époux,
Un homme qui vous aime, et soit aimé de vous;
Et, de cette union de tendresse suivie,
Se faire les douceurs d'une innocente vie?
Ce nœud bien assorti n'a-t-il pas des appas?

ARMANDE.

Mon dieu! que votre esprit est d'un étage bas!
Que vous jouez au monde un petit personnage,
De vous claquemurer aux choses du ménage,

Et de n'entrevoir point de plaisirs plus touchants
Qu'une idole d'époux et des marmots d'enfants !
Laissez aux gens grossiers, aux personnes vulgaires,
Les bas amusements de ces sortes d'affaires.
A de plus hauts objets élevez vos desirs,
Songez à prendre un goût des plus nobles plaisirs ;
Et, traitant de mépris les sens et la matière,
A l'esprit, comme nous, donnez-vous tout entière.
Vous avez notre mère en exemple à vos yeux,
Que du nom de savante on honore en tous lieux :
Tâchez, ainsi que moi, de vous montrer sa fille ;
Aspirez aux clartés qui sont dans la famille,
Et vous rendez sensible aux charmantes douceurs
Que l'amour de l'étude épanche dans les cœurs.
Loin d'être aux lois d'un homme en esclave asservie,
Mariez-vous, ma sœur, à la philosophie,
Qui nous monte au-dessus de tout le genre humain,
Et donne à la raison l'empire souverain,
Soumettant à ses lois la partie animale,
Dont l'appétit grossier aux bêtes nous ravale.
Ce sont là les beaux feux, les doux attachements
Qui doivent de la vie occuper les moments ;
Et les soins où je vois tant de femmes sensibles,
Me paroissent aux yeux des pauvretés horribles.

HENRIETTE.

Le ciel, dont nous voyons que l'ordre est tout-puissant,
Pour différents emplois nous fabrique en naissant ;
Et tout esprit n'est pas composé d'une étoffe
Qui se trouve taillée à faire un philosophe.
Si le vôtre est né propre aux élévations

Où montent des savants les spéculations,
Le mien est fait, ma sœur, pour aller terre à terre,
Et dans les petits soins son foible se resserre.
Ne troublons point du ciel les justes règlements ;
Et de nos deux instincts suivons les mouvements.
Habitez, par l'essor d'un grand et beau génie,
Les hautes régions de la philosophie ;
Tandis que mon esprit, se tenant ici-bas,
Goûtera de l'hymen les terrestres appas.
Ainsi, dans nos desseins l'une à l'autre contraire,
Nous saurons toutes deux imiter notre mère :
Vous, du côté de l'ame et des nobles desirs ;
Moi, du côté des sens et des grossiers plaisirs :
Vous, aux productions d'esprit et de lumière ;
Moi, dans celles, ma sœur, qui sont de la matière.

ARMANDE.

Quand sur une personne on prétend se régler,
C'est par les beaux côtés qu'il lui faut ressembler ;
Et ce n'est point du tout la prendre pour modèle,
Ma sœur, que de tousser et de cracher comme elle.

HENRIETTE.

Mais vous ne seriez pas ce dont vous vous vantez,
Si ma mère n'eût eu que de ces beaux côtés ;
Et bien vous prend, ma sœur, que son noble génie
N'ait pas vaqué toujours à la philosophie.
De grace, souffrez-moi, par un peu de bonté,
Des bassesses à qui vous devez la clarté ;
Et ne supprimez point, voulant qu'on vous seconde,
Quelque petit savant qui veut venir au monde.

ARMANDE.

Je vois que votre esprit ne peut être guéri
Du fol entêtement de vous faire un mari :
Mais sachons, s'il vous plaît, qui vous songez à prendre :
Votre visée [1] au moins n'est pas mise à Clitandre?

HENRIETTE.

Et par quelle raison n'y seroit-elle pas?
Manque-t-il de mérite? Est-ce un choix qui soit bas?

ARMANDE.

Non; mais c'est un dessein qui seroit malhonnête
Que de vouloir d'une autre enlever la conquête;
Et ce n'est pas un fait dans le monde ignoré,
Que Clitandre ait pour moi hautement soupiré.

HENRIETTE.

Oui : mais tous ces soupirs chez vous sont choses vaines,
Et vous ne tombez point aux bassesses humaines;
Votre esprit à l'hymen renonce pour toujours,
Et la philosophie a toutes vos amours.
Ainsi, n'ayant au cœur nul dessein pour Clitandre,
Que vous importe-t-il qu'on y puisse prétendre?

ARMANDE.

Cet empire que tient la raison sur les sens
Ne fait pas renoncer aux douceurs des encens;
Et l'on peut, pour époux, refuser un mérite,
Que pour adorateur on veut bien à sa suite.

HENRIETTE.

Je n'ai pas empêché qu'à vos perfections

---

1 *Votre visée*, etc. Cette expression était alors de bonne compagnie.

Il n'ait continué ses adorations ;
Et je n'ai fait que prendre, au refus de votre ame,
Ce qu'est venu m'offrir l'hommage de sa flamme.

ARMANDE.

Mais à l'offre des vœux d'un amant dépité
Trouvez-vous, je vous prie, entière sûreté ?
Croyez-vous pour vos yeux sa passion bien forte,
Et qu'en son cœur pour moi toute flamme soit morte ?

HENRIETTE.

Il me le dit, ma sœur ; et, pour moi, je le croi.

ARMANDE.

Ne soyez pas, ma sœur, d'une si bonne foi ;
Et croyez, quand il dit qu'il me quitte et vous aime,
Qu'il n'y songe pas bien, et se trompe lui-même.

HENRIETTE.

Je ne sais ; mais enfin, si c'est votre plaisir,
Il nous est bien aisé de nous en éclaircir :
Je l'aperçois qui vient ; et, sur cette matière,
Il pourra nous donner une pleine lumière.

SCÈNE II.

CLITANDRE, ARMANDE, HENRIETTE.

HENRIETTE.

Pour me tirer d'un doute où me jette ma sœur,
Entre elle et moi, Clitandre, expliquez votre cœur,
Découvrez-en le fond, et nous daignez apprendre
Qui de nous à vos vœux est en droit de prétendre.

ACTE I, SCÈNE II.

ARMANDE.

Non, non, je ne veux point à votre passion
Imposer la rigueur d'une explication :
Je ménage les gens, et sais comme embarrasse
Le contraignant effort de ces aveux en face.

CLITANDRE.

Non, madame, mon cœur, qui dissimule peu,
Ne sent nulle contrainte à faire un libre aveu.
Dans aucun embarras un tel pas ne me jette ;
Et j'avoûrai tout haut, d'une ame franche et nette,
Que les tendres liens où je suis arrêté,

(Montrant Henriette.)

Mon amour et mes vœux, sont tous de ce côté.
Qu'à nulle émotion cet aveu ne vous porte ;
Vous avez bien voulu les choses de la sorte.
Vos attraits m'avoient pris ; et mes tendres soupirs
Vous ont assez prouvé l'ardeur de mes desirs ;
Mon cœur vous consacroit une flamme immortelle :
Mais vos yeux n'ont pas cru leur conquête assez belle.
J'ai souffert sous leur joug cent mépris différents ;
Ils régnoient sur mon ame en superbes tyrans ;
Et je me suis cherché, lassé de tant de peines,
Des vainqueurs plus humains et de moins rudes chaînes.

(Montrant Henriette.)

Je les ai rencontrés, madame, dans ces yeux,
Et leurs traits à jamais me seront précieux ;
D'un regard pitoyable [1] ils ont séché mes larmes,

---

[1] Autrefois on employait *pitoyable* pour *compatissant*.

Et n'ont pas dédaigné le rebut de vos charmes.
De si rares bontés m'ont si bien su toucher,
Qu'il n'est rien qui me puisse à mes fers arracher :
Et j'ose maintenant vous conjurer, madame,
De ne vouloir tenter nul effort sur ma flamme,
De ne point essayer à rappeler un cœur
Résolu de mourir dans cette douce ardeur.

ARMANDE.

Hé! qui vous dit, monsieur, que l'on ait cette envie,
Et que de vous enfin si fort on se soucie?
Je vous trouve plaisant de vous le figurer,
Et bien impertinent de me le déclarer.

HENRIETTE.

Hé! doucement, ma sœur. Où donc est la morale
Qui sait si bien régir la partie animale,
Et retenir la bride aux efforts du courroux?

ARMANDE.

Mais vous, qui m'en parlez, où la pratiquez-vous,
De répondre à l'amour que l'on vous fait paroître,
Sans le congé [1] de ceux qui vous ont donné l'être?
Sachez que le devoir vous soumet à leurs lois,
Qu'il ne vous est permis d'aimer que par leur choix;
Qu'ils ont sur votre cœur l'autorité suprême,
Et qu'il est criminel d'en disposer vous-même.

HENRIETTE.

Je rends grace aux bontés que vous me faites voir
De m'enseigner si bien les choses du devoir.
Mon cœur sur vos leçons veut régler sa conduite;

---

[1] *Congé* voulait dire alors *permission*.

ACTE I, SCÈNE II.

Et pour vous faire voir, ma sœur, que j'en profite,
Clitandre, prenez soin d'appuyer votre amour
De l'agrément de ceux dont j'ai reçu le jour.
Faites-vous sur mes vœux un pouvoir légitime,
Et me donnez moyen de vous aimer sans crime.

CLITANDRE.

J'y vais de tous mes soins travailler hautement ;
Et j'attendois de vous ce doux consentement.

ARMANDE.

Vous triomphez, ma sœur, et faites une mine
A vous imaginer que cela me chagrine.

HENRIETTE.

Moi, ma sœur? point du tout. Je sais que sur vos sens
Les droits de la raison sont toujours tout-puissants,
Et que, par les leçons qu'on prend dans la sagesse,
Vous êtes au-dessus d'une telle foiblesse.
Loin de vous soupçonner d'aucun chagrin, je croi
Qu'ici vous daignerez vous employer pour moi,
Appuyer sa demande, et de votre suffrage,
Presser l'heureux moment de notre mariage.
Je vous en sollicite ; et, pour y travailler...

ARMANDE.

Votre petit esprit se mêle de railler,
Et d'un cœur qu'on vous jette on vous voit toute fière.

HENRIETTE.

Tout jeté qu'est ce cœur, il ne vous déplaît guère ;
Et si vos yeux sur moi le pouvoient ramasser,
Ils prendroient aisément le soin de se baisser.

ARMANDE.

A répondre à cela je ne daigne descendre ;

Et ce sont sots discours qu'il ne faut pas entendre.
HENRIETTE.
C'est fort bien fait à vous; et vous nous faites voir
Des modérations qu'on ne peut concevoir.

SCÈNE III.

CLITANDRE, HENRIETTE.

HENRIETTE.
Votre sincère aveu ne l'a pas peu surprise.
CLITANDRE.
Elle mérite assez une telle franchise;
Et toutes les hauteurs de sa folle fierté
Sont dignes, tout au moins, de ma sincérité.
Mais puisqu'il m'est permis, je vais à votre père,
Madame...
HENRIETTE.
   Le plus sûr est de gagner ma mère.
Mon père est d'une humeur à consentir à tout;
Mais il met peu de poids aux choses qu'il résout :
Il a reçu du ciel certaine bonté d'ame
Qui le soumet d'abord à ce que veut sa femme.
C'est elle qui gouverne; et, d'un ton absolu,
Elle dicte pour loi ce qu'elle a résolu.
Je voudrois bien vous voir pour elle et pour ma tante,
Une ame, je l'avoue, un peu plus complaisante,
Un esprit qui, flattant les visions du leur,
Vous pût de leur estime attirer la chaleur.

CLITANDRE.

Mon cœur n'a jamais pu, tant il est né sincère,
Même dans votre sœur, flatter leur caractère;
Et les femmes docteurs ne sont point de mon goût.
Je consens qu'une femme ait des clartés [1] de tout :
Mais je ne lui veux point la passion choquante
De se rendre savante afin d'être savante;
Et j'aime que souvent, aux questions qu'on fait,
Elle sache ignorer les choses qu'elle sait :
De son étude enfin je veux qu'elle se cache,
Et qu'elle ait du savoir sans vouloir qu'on le sache,
Sans citer les auteurs, sans dire de grands mots,
Et clouer de l'esprit à ses moindres propos.
Je respecte beaucoup madame votre mère;
Mais je ne puis du tout approuver sa chimère,
Et me rendre l'écho des choses qu'elle dit,
Aux encens qu'elle donne à son héros d'esprit.
Son monsieur Trissotin me chagrine, m'assomme;
Et j'enrage de voir qu'elle estime un tel homme,
Qu'elle nous mette au rang des grands et beaux esprits
Un benêt dont partout on siffle les écrits,
Un pédant dont on voit la plume libérale
D'officieux papiers fournir toute la halle.

HENRIETTE.

Ses écrits, ses discours, tout m'en semble ennuyeux,
Et je me trouve assez votre goût et vos yeux.
Mais, comme sur ma mère il a grande puissance,

---

[1] *Clartés* s'employait alors pour *lumières*. C'étoit une expression noble et de bonne compagnie.

Vous devez vous forcer à quelque complaisance.
Un amant fait sa cour où s'attache son cœur,
Il veut de tout le monde y gagner la faveur;
Et, pour n'avoir personne à sa flamme contraire,
Jusqu'au chien du logis il s'efforce de plaire.

CLITANDRE.

Oui, vous avez raison; mais monsieur Trissotin
M'inspire au fond de l'ame un dominant chagrin.
Je ne puis consentir, pour gagner ses suffrages,
A me déshonorer en prisant ses ouvrages;
C'est par eux qu'à mes yeux il a d'abord paru,
Et je le connoissois avant que l'avoir vu.
Je vis, dans le fatras des écrits qu'il nous donne,
Ce qu'étale en tous lieux sa pédante personne,
La constante hauteur de sa présomption,
Cette intrépidité de bonne opinion,
Cet indolent état de confiance extrême
Qui le rend en tout temps si content de soi-même,
Qui fait qu'à son mérite incessamment il rit,
Qu'il se sait si bon gré de tout ce qu'il écrit,
Et qu'il ne voudroit pas changer sa renommée
Contre tous les honneurs d'un général d'armée.

HENRIETTE.

C'est avoir de bons yeux que de voir tout cela.

CLITANDRE.

Jusques à sa figure encor la chose alla,
Et je vis, par les vers qu'à la tête il nous jette,
De quel air il falloit que fût fait le poète;
Et j'en avois si bien deviné tous les traits,
Que, rencontrant un homme un jour dans le palais,

ACTE I, SCÈNE IV.

Je gageai que c'étoit Trissotin en personne,
Et je vis qu'en effet la gageure étoit bonne.

HENRIETTE.

Quel conte !

CLITANDRE.

Non, je dis la chose comme elle est.
Mais je vois votre tante : agréez, s'il vous plaît,
Que mon cœur lui déclare ici notre mystère,
Et gagne sa faveur auprès de votre mère.

SCÈNE IV.

BÉLISE, CLITANDRE.

CLITANDRE.

Souffrez, pour vous parler, madame, qu'un amant
Prenne l'occasion de cet heureux moment,
Et se découvre à vous de la sincère flamme...

BÉLISE.

Ah ! tout beau. Gardez-vous de m'ouvrir trop votre ame.
Si je vous ai su mettre au rang de mes amants,
Contentez-vous des yeux pour vos seuls truchements ;
Et ne m'expliquez point, par un autre langage,
Des desirs qui, chez moi, passent pour un outrage.
Aimez-moi, soupirez, brûlez pour mes appas ;
Mais qu'il me soit permis de ne le savoir pas.
Je puis fermer les yeux sur vos flammes secrètes,
Tant que vous vous tiendrez aux muets interprètes ;
Mais si la bouche vient à s'en vouloir mêler,
Pour jamais de ma vue il vous faut exiler.

CLITANDRE.

Des projets de mon cœur ne prenez point d'alarme.
Henriette, madame, est l'objet qui me charme ;
Et je viens ardemment conjurer vos bontés
De seconder l'amour que j'ai pour ses beautés.

BÉLISE.

Ah ! certes, le détour est d'esprit, je l'avoue :
Ce subtil faux-fuyant mérite qu'on le loue :
Et, dans tous les romans où j'ai jeté les yeux,
Je n'ai rien rencontré de plus ingénieux.

CLITANDRE.

Ceci n'est point du tout un trait d'esprit, madame ;
Et c'est un pur aveu de ce que j'ai dans l'ame.
Les cieux, par les liens d'une immuable ardeur,
Aux beautés d'Henriette ont attaché mon cœur ;
Henriette me tient sous son aimable empire,
Et l'hymen d'Henriette est le bien où j'aspire.
Vous y pouvez beaucoup ; et tout ce que je veux,
C'est que vous y daigniez favoriser mes vœux.

BÉLISE.

Je vois où doucement veut aller la demande,
Et je sais sous ce nom ce qu'il faut que j'entende.
La figure est adroite ; et, pour n'en point sortir,
Aux choses que mon cœur m'offre à vous repartir,
Je dirai qu'Henriette à l'hymen est rebelle,
Et que, sans rien prétendre, il faut brûler pour elle.

CLITANDRE.

Hé ! madame, à quoi bon un pareil embarras ?
Et pourquoi voulez-vous penser ce qui n'est pas ?

BÉLISE.

Mon dieu ! point de façons. Cessez de vous défendre
De ce que vos regards m'ont souvent fait entendre.
Il suffit que l'on est contente du détour
Dont s'est adroitement avisé votre amour,
Et que, sous la figure où le respect l'engage,
On veut bien se résoudre à souffrir son hommage,
Pourvu que ses transports par l'honneur éclairés,
N'offrent à mes autels que des vœux épurés.

CLITANDRE.

Mais...

BÉLISE.

  Adieu. Pour ce coup, ceci doit vous suffire ;
Et je vous ai plus dit que je ne voulois dire.

CLITANDRE.

Mais votre erreur...

BÉLISE.

   Laissez. Je rougis maintenant ;
Et ma pudeur s'est fait un effort surprenant.

CLITANDRE.

Je veux être pendu, si je vous aime ; et sage...

BÉLISE.

Non, non, je ne veux rien entendre davantage.

SCÈNE V.

CLITANDRE.

Diantre soit de la folle avec ses visions !

A-t-on rien vu d'égal à ses préventions ?
Allons commettre un autre au soin que l'on me donne,
Et prenons le secours d'une sage personne.

FIN DU PREMIER ACTE.

ACTE SECOND.

SCÈNE I.

ARISTE, quittant Clitandre, et lui parlant encore.

Oui, je vous porterai la réponse au plus tôt.
J'appuîrai, presserai, ferai tout ce qu'il faut.
Qu'un amant pour un mot a de choses à dire!
Et qu'impatiemment il veut ce qu'il desire!
Jamais...

SCÈNE II.

CHRYSALE, ARISTE.

ARISTE.
Ah! Dieu vous gard', mon frère!
CHRYSALE.
Et vous aussi,
Mon frère!
ARISTE.
Savez-vous ce qui m'amène ici?
CHRYSALE.
Non, mais, si vous voulez, je suis prêt à l'apprendre.

ARISTE.
Depuis assez long-temps vous connoissez Clitandre?
CHRYSALE.
Sans doute, et je le vois qui fréquente chez nous.
ARISTE.
En quelle estime est-il, mon frère, auprès de vous?
CHRYSALE.
D'homme d'honneur, d'esprit, de cœur et de conduite;
Et je vois peu de gens qui soient de son mérite.
ARISTE.
Certain desir qu'il a conduit ici mes pas;
Et je me réjouis que vous en fassiez cas.
CHRYSALE.
Je connus feu son père en mon voyage à Rome.
ARISTE.
Fort bien.
CHRYSALE.
C'étoit, mon frère, un fort bon gentilhomme.
ARISTE.
On le dit.
CHRYSALE.
Nous n'avions alors que vingt-huit ans,
Et nous étions, ma foi, tous deux de verts galants.
ARISTE.
Je le crois.
CHRYSALE.
Nous donnions chez les dames romaines;
Et tout le monde, là, parloit de nos fredaines;
Nous faisions des jaloux.

ARISTE
Voilà qui va des mieux.
Mais venons au sujet qui m'amène en ces lieux.

SCÈNE III.

BÉLISE, entrant doucement, et écoutant; CHRYSALE, ARISTE.

ARISTE.
Clitandre auprès de vous me fait son interprète,
Et son cœur est épris des graces d'Henriette.

CHRYSALE.
Quoi! de ma fille!

ARISTE.
Oui : Clitandre en est charmé;
Et je ne vis jamais amant plus enflammé.

BÉLISE, à Ariste.
Non, non, je vous entends. Vous ignorez l'histoire;
Et l'affaire n'est pas ce que vous pouvez croire.

ARISTE.
Comment, ma sœur?

BÉLISE.
Clitandre abuse vos esprits,
Et c'est d'un autre objet que son cœur est épris.

ARISTE.
Vous raillez. Ce n'est pas Henriette qu'il aime?

BÉLISE.
Non, j'en suis assurée.

LES FEMMES SAVANTES.

ARISTE.
Il me l'a dit lui-même.

BÉLISE.
Hé, oui !

ARISTE.
Vous me voyez, ma sœur, chargé par lui
D'en faire la demande à son père aujourd'hui.

BÉLISE.
Fort bien !

ARISTE.
Et son amour même m'a fait instance
De presser les moments d'une telle alliance.

BÉLISE.
Encor mieux. On ne peut tromper plus galamment.
Henriette, entre nous, est un amusement,
Un voile ingénieux, un prétexte, mon frère,
A couvrir d'autres feux dont je sais le mystère ;
Et je veux bien tous deux vous mettre hors d'erreur.

ARISTE.
Mais, puisque vous savez tant de choses, ma sœur,
Dites-nous, s'il vous plaît, cet autre objet qu'il aime.

BÉLISE.
Vous le voulez savoir ?

ARISTE.
Oui. Quoi ?

BÉLISE.
Moi.

ARISTE.
Vous ?

BÉLISE.
Moi-même.

ACTE II, SCÈNE III.

ARISTE.

Hai, ma sœur!

BÉLISE.

Qu'est-ce donc que veut dire ce hai?
Et qu'a de surprenant le discours que je fai?
On est faite d'un air, je pense, à pouvoir dire
Qu'on n'a pas pour un cœur soumis à son empire;
Et Dorante, Damis, Cléonte et Lycidas,
Peuvent bien faire voir qu'on a quelques appas.

ARISTE.

Ces gens vous aîment?

BÉLISE.

Oui, de toute leur puissance.

ARISTE.

Ils vous l'ont dit?

BÉLISE.

Aucun n'a pris cette licence;
Ils m'ont su révérer si fort jusqu'à ce jour,
Qu'ils ne m'ont jamais dit un mot de leur amour.
Mais, pour m'offrir leur cœur et vouer leur service,
Les muets truchements ont tous fait leur office.

ARISTE.

On ne voit presque point céans venir Damis.

BÉLISE.

C'est pour me faire voir un respect plus soumis.

ARISTE.

De mots piquants partout Dorante vous outrage.

BÉLISE.

Ce sont emportements d'une jalouse rage.

ARISTE.

Cléonte et Lycidas ont pris femme tous deux.

BÉLISE.
C'est par un désespoir où j'ai réduit leurs feux.
ARISTE.
Ma foi, ma chère sœur, vision toute claire.
CHRYSALE, à Bélise.
De ces chimères-là vous devez vous défaire.
BÉLISE.
Ah! chimères! Ce sont des chimères, dit-on.
Chimères, moi! Vraiment, chimères est fort bon!
Je me réjouis fort de chimères, mes frères;
Et je ne savois pas que j'eusse des chimères.

SCÈNE IV.

CHRYSALE, ARISTE.

CHRYSALE.
Notre sœur est folle, oui.
ARISTE.
Cela croît tous les jours.
Mais, encore une fois, reprenons le discours.
Clitandre vous demande Henriette pour femme;
Voyez quelle réponse on doit faire à sa flamme.
CHRYSALE.
Faut-il le demander? J'y consens de bon cœur,
Et tiens son alliance à singulier honneur.
ARISTE.
Vous savez que de biens il n'a pas l'abondance,
Que...

CHRYSALE.

C'est un intérêt qui n'est pas d'importance ;
Il est riche en vertus, cela vaut des trésors :
Et puis, son père et moi n'étions qu'un en deux corps.

ARISTE.

Parlons à votre femme, et voyons à la rendre
Favorable...

CHRYSALE.

Il suffit, je l'accepte pour gendre.

ARISTE.

Oui ; mais pour appuyer votre consentement,
Mon frère, il n'est pas mal d'avoir son agrément.
Allons...

CHRYSALE.

Vous moquez-vous ? il n'est pas nécessaire.
Je réponds de ma femme, et prends sur moi l'affaire.

ARISTE.

Mais...

CHRYSALE.

Laissez faire, dis-je, et n'appréhendez pas.
Je la vais disposer aux choses, de ce pas.

ARISTE.

Soit. Je vais là-dessus sonder votre Henriette,
Et reviendrai savoir...

CHRYSALE.

C'est une affaire faite ;
Et je vais à ma femme en parler sans délai.

SCÈNE V.

CHRYSALE, MARTINE.

MARTINE.

Me voilà bien chanceuse ! Hélas ! l'an dit bien vrai,
Qui veut noyer son chien l'accuse de la rage ;
Et service d'autrui n'est pas un héritage.

CHRYSALE.

Qu'est-ce donc ? Qu'avez-vous, Martine ?

MARTINE.

Ce que j'ai ?

CHRYSALE.

Oui.

MARTINE.

J'ai que l'an me donne aujourd'hui mon congé,
Monsieur.

CHRYSALE.

Votre congé ?

MARTINE.

Oui. Madame me chasse.

CHRYSALE.

Je n'entends pas cela. Comment ?

MARTINE.

On me menace,
Si je ne sors d'ici, de me bailler cent coups.

CHRYSALE.

Non, vous demeurerez ; je suis content de vous.
Ma femme bien souvent a la tête un peu chaude ;
Et je ne veux pas, moi...

SCÈNE VI.

PHILAMINTE, BÉLISE, CRYSALE, MARIANE.

PHILAMINTE, apercevant Martine.

Quoi! je vous vois, maraude!
Vite, sortez, friponne; allons, quittez ces lieux;
Et ne vous présentez jamais devant mes yeux.

CHRYSALE.

Tout doux.

PHILAMINTE.

Non, c'en est fait.

CHRYSALE.

Hé!

PHILAMINTE.

Je veux qu'elle sorte.

CHRYSALE.

Mais qu'a-t-elle commis, pour vouloir de la sorte...

PHILAMINTE.

Quoi! vous la soutenez?

CHRYSALE.

En aucune façon.

PHILAMINTE.

Prenez-vous son parti contre moi?

CHRYSALE.

Mon dieu! non :
Je ne fais seulement que demander son crime.

PHILAMINTE.

Suis-je pour la chasser sans cause légitime?

CHRYSALE.
Je ne dis pas cela ; mais il faut de nos gens...
PHILAMINTE.
Non, elle sortira, vous dis-je, de céans.
CHRYSALE.
Hé bien ! oui. Vous dit-on quelque chose là contre ?
PHILAMINTE.
Je ne veux point d'obstacle aux desirs que je montre.
CHRYSALE.
D'accord.
PHILAMINTE.
Et vous devez, en raisonnable époux,
Être pour moi contre elle, et prendre mon courroux.
CHRYSALE.

(Se tournant vers Martine.)

Aussi fais-je. Oui, ma femme avec raison vous chasse,
Coquine ; et votre crime est indigne de grace.
MARTINE.
Qu'est-ce donc que j'ai fait ?
CHRYSALE, bas.
Ma foi, je ne sais pas.
PHILAMINTE.
Elle est d'humeur encore à n'en faire aucun cas.
CHRYSALE.
A-t-elle, pour donner matière à votre haine,
Cassé quelque miroir, ou quelque porcelaine ?
PHILAMINTE.
Voudrois-je la chasser, et vous figurez-vous
Que pour si peu de chose on se mette en courroux ?

CHRYSALE.

(A Martine.)   (A Philaminte.)
Qu'est-ce à dire? L'affaire est donc considérable?

PHILAMINTE.
Sans doute. Me voit-on femme déraisonnable?

CHRYSALE.
Est-ce qu'elle a laissé, d'un esprit négligent,
Dérober quelque aiguière ou quelque plat d'argent?

PHILAMINTE.
Cela ne seroit rien.

CHRYSALE, à Martine.
Oh! oh! Peste, la belle!

(A Philaminte.)
Quoi! l'avez-vous surprise à n'être pas fidèle?

PHILAMINTE.
C'est pis que tout cela.

CHRYSALE.
Pis que tout cela?

PHILAMINTE.
Pis.

CHRYSALE.
(A Martine.)   (A Philaminte.)
Comment! diantre, friponne! Euh! a-t-elle commis...

PHILAMINTE.
Elle a, d'une insolence à nulle autre pareille,
Après trente leçons, insulté mon oreille
Par l'impropriété d'un mot sauvage et bas
Qu'en termes décisifs condamne Vaugelas.

CHRYSALE.
Est-ce là...

PHILAMINTE.

Quoi! toujours, malgré nos remontrances,
Heurter le fondement de toutes les sciences,
La grammaire, qui sait régenter jusqu'aux rois,
Et les fait, la main haute, obéir à ses lois!

CHRYSALE.

Du plus grand des forfaits je la croyois coupable.

PHILAMINTE.

Quoi! vous ne trouvez pas ce crime impardonnable?

CHRYSALE.

Si fait.

PHILAMINTE.

Je voudrois bien que vous l'excusassiez!

CHRYSALE.

Je n'ai garde.

BÉLISE.

Il est vrai que ce sont des pitiés :
Toute construction est par elle détruite ;
Et des lois du langage on l'a cent fois instruite.

MARTINE.

Tout ce que vous prêchez est, je crois, bel et bon;
Mais je ne saurois, moi, parler votre jargon.

PHILAMINTE.

L'impudente! Appeler un jargon le langage
Fondé sur la raison et sur le bel usage!

MARTINE.

Quand on se fait entendre, on parle toujours bien,
Et tous vos biaux dictons ne servent pas de rien.

PHILAMINTE.

Hé bien! ne voilà pas encore de son style?
Ne servent pas de rien!

ACTE II, SCÈNE VI.

BÉLISE.

O cervelle indocile !
Faut-il qu'avec les soins qu'on prend incessamment,
On ne te puisse apprendre à parler congrûment !
De *pas* mis avec *rien* tu fais la récidive ;
Et c'est, comme on t'a dit, trop d'une négative.

MARTINE.

Mon dieu ! je n'avons pas étugué comme vous,
Et je parlons tout droit comme on parle cheux nous.

PHILAMINTE.

Ah ! peut-on y tenir ?

BÉLISE.

Quel solécisme horrible !

PHILAMINTE.

En voilà pour tuer une oreille sensible.

BÉLISE.

Ton esprit, je l'avoue, est bien matériel :
Je n'est qu'un singulier, *avons* est pluriel.
Veux-tu toute ta vie offenser la grammaire ?

MARTINE.

Qui parle d'offenser grand'mère ni grand'père ?

PHILAMINTE.

O ciel !

BÉLISE.

Grammaire est prise à contre-sens par toi ;
Et je t'ai dit déja d'où vient ce mot.

MARTINE.

Ma foi !
Qu'il vienne de Chaillot, d'Auteuil, ou de Pontoise,
Cela ne me fait rien.

BÉLISE.

Quelle ame villageoise !
La grammaire, du verbe et du nominatif,
Comme de l'adjectif avec le substantif,
Nous enseigne les lois.

MARTINE.

J'ai, madame, à vous dire
Que je ne connois point ces gens-là.

PHILAMINTE.

Quel martyre !

BÉLISE.

Ce sont les noms des mots ; et l'on doit regarder
En quoi c'est qu'il les faut faire ensemble accorder.

MARTINE.

Qu'ils s'accordent entre eux, ou se gourment, qu'importe ?

PHILAMINTE, à Bélise.

Hé ! mon dieu ! finissez un discours de la sorte.
(A Chrysale.)
Vous ne voulez pas, vous, me la faire sortir ?

CHRYSALE.

(A part.)
Si fait. A son caprice il me faut consentir.
Va, ne l'irrite point ; retire-toi, Martine.

PHILAMINTE.

Comment ? Vous avez peur d'offenser la coquine !
Vous lui parlez d'un ton tout-à-fait obligeant !

CHRYSALE.

(D'un ton ferme.) (D'un ton plus doux.)
Moi ? point. Allons, sortez. Va-t'en, ma pauvre enfant.

SCÈNE VII.

PHILAMINTE, CHRYSALE, BÉLISE.

CHRYSALE.

Vous êtes satisfaite, et la voilà partie :
Mais je n'approuve point une telle sortie ;
C'est une fille propre aux choses qu'elle fait,
Et vous me la chassez pour un maigre sujet.

PHILAMINTE.

Vous voulez que toujours je l'aie à mon service,
Pour mettre incessamment mon oreille au supplice,
Pour rompre toute loi d'usage et de raison
Par un barbare amas de vices d'oraison,
De mots estropiés, cousus, par intervalles,
De proverbes traînés dans les ruisseaux des halles?

BÉLISE.

Il est vrai que l'on sue à souffrir ses discours ;
Elle y met Vaugelas en pièces tous les jours ;
Et les moindres défauts de ce grossier génie
Sont ou le pléonasme, ou la cacophonie.

CHRYSALE.

Qu'importe qu'elle manque aux lois de Vaugelas,
Pourvu qu'à la cuisine elle ne manque pas?
J'aime bien mieux, pour moi, qu'en épluchant ses herbes,
Elle accommode mal les noms avec les verbes,
Et redise cent fois un bas ou méchant mot,
Que de brûler ma viande, ou saler trop mon pot :
Je vis de bonne soupe, et non de beau langage.

Vaugelas n'apprend point à bien faire un potage;
Et Malherbe et Balzac, si savants en beaux mots,
En cuisine peut-être auroient été des sots.

PHILAMINTE.

Que ce discours grossier terriblement assomme!
Et quelle indignité, pour ce qui s'appelle homme,
D'être baissé sans cesse aux soins matériels,
Au lieu de se hausser vers les spirituels!
Le corps, cette guenille, est-il d'une importance,
D'un prix à mériter seulement qu'on y pense?
Et ne devons-nous pas laisser cela bien loin?

CHRYSALE.

Oui, mon corps est moi-même, et j'en veux prendre soin.
Guenille, si l'on veut; ma guenille m'est chère.

BÉLISE.

Le corps avec l'esprit fait figure, mon frère :
Mais, si vous en croyez tout le monde savant,
L'esprit doit sur le corps prendre le pas devant;
Et notre plus grand soin, notre première instance,
Doit être à le nourrir du suc de la science.

CHRYSALE.

Ma foi, si vous songez à nourrir votre esprit,
C'est de viande bien creuse, à ce que chacun dit;
Et vous n'avez nul soin, nulle sollicitude
Pour...

PHILAMINTE.

Ah! *Sollicitude* à mon oreille est rude;
Il pue étrangement son ancienneté.

BÉLISE.

Il est vrai que le mot est bien *collet monté*.

CHRYSALE.

Voulez-vous que je dise? Il faut qu'enfin j'éclate,
Que je lève le masque, et décharge ma rate.
De folles on vous traite, et j'ai fort sur le cœur...

PHILAMINTE.

Comment donc?

CHRYSALE, à Bélise.

C'est à vous que je parle, ma sœur.
Le moindre solécisme en parlant vous irrite;
Mais vous en faites, vous, d'étranges en conduite.
Vos livres éternels ne me contentent pas;
Et, hors un gros Plutarque à mettre mes rabats,
Vous devriez brûler tout ce meuble inutile,
Et laisser la science aux docteurs de la ville;
M'ôter, pour faire bien, du grenier de céans
Cette longue lunette à faire peur aux gens,
Et cent brimborions dont l'aspect importune;
Ne point aller chercher ce qu'on fait dans la lune,
Et vous mêler un peu de ce qu'on fait chez vous,
Où nous voyons aller tout sens dessus dessous.
Il n'est pas bien honnête, et pour beaucoup de causes,
Qu'une femme étudie et sache tant de choses.
Former aux bonnes mœurs l'esprit de ses enfants,
Faire aller son ménage, avoir l'œil sur ses gens,
Et régler la dépense avec économie,
Doit être son étude et sa philosophie.
Nos pères, sur ce point, étoient gens bien sensés,
Qui disoient qu'une femme en sait toujours assez,
Quand la capacité de son esprit se hausse
A connoître un pourpoint d'avec un haut-de-chausse.

Les leurs ne lisoient point; mais elles vivoient bien;
Leurs ménages étoient tout leur docte entretien;
Et leurs livres, un dé, du fil, et des aiguilles,
Dont elles travailloient au trousseau de leurs filles.
Les femmes d'à-présent sont bien loin de ces mœurs:
Elles veulent écrire, et devenir auteurs;
Nulle science n'est pour elles trop profonde,
Et céans beaucoup plus qu'en aucun lieu du monde;
Les secrets les plus hauts s'y laissent concevoir,
Et l'on sait tout chez moi, hors ce qu'il faut savoir.
On y sait comment vont lune, étoile polaire,
Vénus, Saturne, et Mars, dont je n'ai point affaire;
Et dans ce vain savoir, qu'on va chercher si loin,
On ne sait comme va mon pot, dont j'ai besoin.
Mes gens à la science aspirent pour vous plaire,
Et tous ne font rien moins que ce qu'ils ont à faire;
Raisonner est l'emploi de toute ma maison;
Et le raisonnement en bannit la raison.
L'un me brûle mon rôt en lisant quelque histoire,
L'autre rêve à des vers quand je demande à boire;
Enfin je vois par eux votre exemple suivi;
Et j'ai des serviteurs, et ne suis point servi.
Une pauvre servante, au moins m'étoit restée,
Qui de ce mauvais air n'étoit point infectée;
Et voilà qu'on la chasse avec un grand fracas,
A cause qu'elle manque à parler Vaugelas!
Je vous le dis, ma sœur, tout ce train-là me blesse:
Car c'est, comme j'ai dit, à vous que je m'adresse.
Je n'aime point céans tous vos gens à latin;
Et principalement ce monsieur Trissotin:

C'est lui qui, dans des vers, vous a tympanisées ;
Tous les propos qu'il tient sont des billevesées :
On cherche ce qu'il dit après qu'il a parlé ;
Et je lui crois, pour moi, le timbre un peu fêlé.
PHILAMINTE.
Quelle bassesse, ô ciel! et d'ame et de langage!
BÉLISE.
Est-il de petit corps un plus lourd assemblage,
Un esprit composé d'atômes plus bourgeois ?
Et de ce même sang se peut-il que je sois!
Je me veux mal de mort d'être de votre race ;
Et, de confusion, j'abandonne la place.

SCÈNE VIII.

PHILAMINTE, CHRYSALE.

PHILAMINTE.
Avez-vous à lâcher encore quelque trait ?
CHRYSALE.
Moi ? non. Ne parlons plus de querelles ; c'est fait.
Discourons d'autre affaire. A votre fille aînée
On voit quelques dégoûts pour les nœuds d'hyménée,
C'est une philosophe enfin ; je n'en dis rien,
Elle est bien gouvernée, et vous faites fort bien :
Mais de tout autre humeur se trouve sa cadette ;
Et je crois qu'il est bon de pourvoir Henriette,
De choisir un mari...
PHILAMINTE.
C'est à quoi j'ai songé.

Et je veux vous ouvrir l'intention que j'ai.
Ce monsieur Trissotin dont on nous fait un crime,
Et qui n'a pas l'honneur d'être dans votre estime,
Est celui que je prends pour l'époux qu'il lui faut;
Et je sais mieux que vous juger de ce qu'il vaut.
La contestation est ici superflue;
Et de tout point, chez moi, l'affaire est résolue.
Au moins ne dites mot du choix de cet époux;
Je veux à votre fille en parler avant vous.
J'ai des raisons à faire approuver ma conduite;
Et je connoîtrai bien si vous l'aurez instruite.

SCÈNE IX.

ARISTE, CHRYSALE.

ARISTE.

Hé bien? la femme sort, mon frère, et je vois bien
Que vous venez d'avoir ensemble un entretien.

CHRYSALE.

Oui.

ARISTE.

Quel est le succès? Aurons-nous Henriette?
A-t-elle consenti? L'affaire est-elle faite?

CHRYSALE.

Pas tout-à-fait encor.

ARISTE.

Refuse-t-elle?

CHRYSALE.

Non.

ACTE II, SCÈNE IX.

ARISTE.

Est-ce qu'elle balance?

CHRYSALE.

En aucune façon.

ARISTE.

Quoi donc?

CHRYSALE.

C'est que pour gendre elle m'offre un autre homme.

ARISTE.

Un autre homme pour gendre?

CHRYSALE.

Un autre.

ARISTE.

Qui se nomme?

CHRYSALE.

Monsieur Trissotin.

ARISTE.

Quoi! ce monsieur Trissotin...

CHRYSALE.

Oui, qui parle toujours de vers et de latin.

ARISTE.

Vous l'avez accepté?

CHRYSALE.

Moi? point. A dieu ne plaise!

ARISTE.

Qu'avez-vous répondu?

CHRYSALE.

Rien; et je suis bien aise
De n'avoir point parlé, pour ne m'engager pas.

ARISTE.

La raison est fort belle; et c'est faire un grand pas!
Avez-vous su du moins lui proposer Clitandre?

CHRYSALE.

Non; car comme j'ai vu qu'on parloit d'autre gendre,
J'ai cru qu'il étoit mieux de ne m'avancer point.

ARISTE.

Certes, votre prudence est rare au dernier point!
N'avez-vous point de honte, avec votre mollesse?
Et se peut-il qu'un homme ait assez de foiblesse
Pour laisser à sa femme un pouvoir absolu,
Et n'oser attaquer ce qu'elle a résolu?

CHRYSALE.

Mon dieu! vous en parlez, mon frère, bien à l'aise,
Et vous ne savez pas comme le bruit me pèse.
J'aime fort le repos, la paix et la douceur;
Et ma femme est terrible avecque son humeur.
Du nom de philosophe elle fait grand mystère,[1]
Mais elle n'en est pas pour cela moins colère;
Et sa morale, faite à mépriser le bien,
Sur l'aigreur de sa bile opère comme rien.
Pour peu que l'on s'oppose à ce que veut sa tête,
On en a pour huit jours d'effroyable tempête.
Elle me fait trembler dès qu'elle prend son ton;
Je ne sais où me mettre, et c'est un vrai dragon;
Et cependant, avec toute sa diablerie,

---

[1] *Faire mystère* voulait dire alors, mais dans la conversation seulement, donner une grande importance aux choses. Molière emploie souvent cette expression dans ce sens.

Il faut que je l'appelle et mon cœur et ma mie.

ARISTE.

Allez; c'est se moquer. Votre femme, entre nous,
Est, par vos lâchetés, souveraine sur vous.
Son pouvoir n'est fondé que sur votre foiblesse;
C'est de vous qu'elle prend le titre de maîtresse;
Vous-même à ses hauteurs vous vous abandonnez,
Et vous faites mener, en bête, par le nez.
Quoi! vous ne pouvez pas, voyant comme on vous nomme,
Vous résoudre une fois à vouloir être un homme,
A faire condescendre une femme à vos vœux,
Et prendre assez de cœur pour dire un Je le veux?
Vous laisserez sans honte immoler votre fille
Aux folles visions qui tiennent la famille,
Et de tout votre bien revêtir un nigaud
Pour six mots de latin qu'il leur fait sonner haut;
Un pédant qu'à tout coup votre femme apostrophe
Du nom de bel esprit et de grand philosophe,
D'homme qu'en vers galants jamais on n'égala,
Et qui n'est, comme on sait, rien moins que tout cela?
Allez; encore un coup, c'est une moquerie,
Et votre lâcheté mérite qu'on en rie.

CHRYSALE.

Oui, vous avez raison, et je vois que j'ai tort.
Allons, il faut enfin montrer un cœur plus fort,
Mon frère.

ARISTE.

C'est bien dit.

CHRYSALE.

C'est une chose infame

Que d'être si soumis au pouvoir d'une femme.
ARISTE.
Fort bien.
CHRYSALE.
De ma douceur elle a trop profité.
ARISTE.
Il est vrai.
CHRYSALE.
Trop joui de ma facilité.
ARISTE.
Sans doute.
CHRYSALE.
Et je lui veux faire aujourd'hui connoître
Que ma fille est ma fille, et que j'en suis le maître,
Pour lui prendre un mari qui soit selon mes vœux.
ARISTE.
Vous voilà raisonnable, et comme je vous veux.
CHRYSALE.
Vous êtes pour Clitandre, et savez sa demeure;
Faites-le moi venir, mon frère, tout à l'heure.
ARISTE.
J'y cours tout de ce pas.
CHRYSALE.
C'est souffrir trop long-temps;
Et je m'en vais être homme, à la barbe des gens.

FIN DU SECOND ACTE.

ACTE TROISIÈME.

SCÈNE I.

PHILAMINTE, ARMANDE, BÉLISE, TRISSOTIN, LÉPINE.

PHILAMINTE.

Ah! mettons-nous ici pour écouter à l'aise
Ces vers que mot à mot il est besoin qu'on pèse.

ARMANDE.

Je brûle de les voir.

BÉLISE.

Et l'on s'en meurt chez nous.

PHILAMINTE, à Trissotin.

Ce sont charmes pour moi que ce qui part de vous.

ARMANDE.

Ce m'est une douceur à nulle autre pareille.

BÉLISE.

Ce sont repas friands qu'on donne à mon oreille.

PHILAMINTE.

Ne faites point languir de si pressants desirs.

ARMANDE.

Dépêchez.

BÉLISE.

Faites tôt, et hâtez nos plaisirs.

PHILAMINTE.

A notre impatience offrez votre épigramme.

TRISSOTIN, à Philaminte.

Hélas! c'est un enfant tout nouveau-né, madame.
Son sort assurément a lieu de vous toucher;
Et c'est dans votre cour que j'en viens d'accoucher.

PHILAMINTE.

Pour me le rendre cher, il suffit de son père.

TRISSOTIN.

Votre approbation lui peut servir de mère.

BÉLISE.

Qu'il a d'esprit!

SCÈNE II.

HENRIETTE, PHILAMINTE, BÉLISE, ARMANDE, TRISSOTIN, LÉPINE.

PHILAMINTE, à Henriette, qui veut se retirer.

Holà! Pourquoi donc fuyez-vous?

HENRIETTE.

C'est de peur de troubler un entretien si doux.

PHILAMINTE.

Approchez, et venez, de toutes vos oreilles,
Prendre part au plaisir d'entendre des merveilles.

HENRIETTE.

Je sais peu les beautés de tout ce qu'on écrit,
Et ce n'est pas mon fait que les choses d'esprit.

PHILAMINTE.

Il n'importe. Aussi-bien ai-je à vous dire ensuite

ACTE III, SCÈNE II.

Un secret dont il faut que vous soyez instruite.

TRISSOTIN, à Henriette.

Les sciences n'ont rien qui vous puisse enflammer,
Et vous ne vous piquez que de savoir charmer.

HENRIETTE.

Aussi peu l'un que l'autre; et je n'ai nulle envie...

BÉLISE.

Ah! songeons à l'enfant nouveau-né, je vous prie.

PHILAMINTE, à Lépine.

Allons, petit garçon, vite, de quoi s'asseoir.

(Lépine se laisse tomber.)

Voyez l'impertinent! Est-ce que l'on doit choir
Après avoir appris l'équilibre des choses?

BÉLISE.

De ta chute, ignorant, ne vois-tu pas les causes,
Et qu'elle vient d'avoir du point fixe écarté
Ce que nous appelons centre de gravité?

LÉPINE.

Je m'en suis aperçu, madame, étant par terre.

PHILAMINTE, à Lépine, qui sort.

Le lourdaud!

TRISSOTIN.

Bien lui prend de n'être pas de verre.

ARMANDE.

Ah! de l'esprit partout!

BÉLISE.

Cela ne tarit pas.

(Ils s'asseient.)

PHILAMINTE.

Servez-nous promptement votre aimable repas.

TRISSOTIN.

Pour cette grande faim qu'à mes yeux on expose,
Un plat seul de huit vers me semble peu de chose;
Et je pense qu'ici je ne ferai pas mal
De joindre à l'épigramme, ou bien au madrigal,
Le ragoût d'un sonnet qui, chez une princesse,
A passé pour avoir quelque délicatesse.
Il est de sel attique assaisonné partout;
Et vous le trouverez, je crois, d'assez bon goût.

ARMANDE.

Ah! je n'en doute point.

PHILAMINTE.

Donnons vite audience.

BÉLISE, interrompant Trissotin chaque fois qu'il se dispose à lire.

Je sens d'aise mon cœur tressaillir par avance.
J'aime la poésie avec entêtement,
Et surtout quand les vers sont tournés galamment.

PHILAMINTE.

Si nous parlons toujours, il ne pourra rien dire.

TRISSOTIN.

So...

BÉLISE, à Henriette.

Silence, ma nièce.

ARMANDE.

Ah! laissez-le donc lire.

TRISSOTIN.

Sonnet à la princesse Uranie, sur sa fièvre.

Votre prudence est endormie
De traiter magnifiquement

ACTE III, SCÈNE II.

Et de loger superbement
Votre plus cruelle ennemie.

BÉLISE.

Ah! le joli début!

ARMANDE.

Qu'il a le tour galant!

PHILAMINTE.

Lui seul des vers aisés possède le talent.

ARMANDE.

A *prudence endormie* il faut rendre les armes.

BÉLISE.

Loger son ennemie est pour moi plein de charmes.

PHILAMINTE.

J'aime *superbement* et *magnifiquement* :
Ces deux adverbes joints font admirablement.

BÉLISE.

Prêtons l'oreille au reste.

TRISSOTIN.

Votre prudence est endormie
De traiter magnifiquement
Et de loger superbement
Votre plus cruelle ennemie.

ARMANDE.

Prudence endormie!

BÉLISE.

Loger son ennemie!

PHILAMINTE.

Superbement et *magnifiquement.*

TRISSOTIN.

Faites-la sortir, quoi qu'on die,

De votre riche appartement,
Où cette ingrate insolemment
Attaque votre belle vie.

BÉLISE.

Ah! tout doux; laissez-moi, de grace, respirer.

ARMANDE.

Donnez-nous, s'il vous plaît, le loisir d'admirer.

PHILAMINTE.

On se sent, à ces vers, jusques au fond de l'ame
Couler je ne sais quoi qui fait que l'on se pâme.

ARMANDE.

« Faites-la sortir, quoi qu'on die,
« De votre riche appartement. »
Que *riche appartement* est là joliment dit!
Et que la métaphore est mise avec esprit!

PHILAMINTE.

« Faites-la sortir, quoi qu'on die. »
Ah! que ce *quoi qu'on die* est d'un goût admirable!
C'est à mon sentiment un endroit impayable.

ARMANDE.

De *quoi qu'on die* aussi mon cœur est amoureux.

BÉLISE.

Je suis de votre avis, *quoi qu'on die* est heureux.

ARMANDE.

Je voudrois l'avoir fait.

BÉLISE.

Il vaut toute une pièce.

PHILAMINTE.

Mais en comprend-on bien, comme moi, la finesse?

ARMANDE ET BÉLISE.

Oh! oh!

ACTE III, SCÈNE II.

PHILAMINTE.

« Faites-la sortir, quoi qu'on die. »
Que de la fièvre on prenne ici les intérêts,
N'ayez aucun égard, moquez-vous des caquets,
« Faites-là sortir, quoi qu'on die,
« Quoi qu'on die, quoi qu'on die. »
Ce *quoi qu'on die* en dit beaucoup plus qu'il ne semble.
Je ne sais pas, pour moi, si chacun me ressemble ;
Mais j'entends là-dessous un million de mots.

BÉLISE.

Il est vrai qu'il dit plus de choses qu'il n'est gros.

PHILAMINTE, à Trissotin.

Mais quand vous avez fait ce charmant *quoi qu'on die*,
Avez-vous compris, vous, toute son énergie ?
Songiez-vous bien vous-même à tout ce qu'il nous dit ?
Et pensiez-vous alors y mettre tant d'esprit ?

TRISSOTIN.

Hai ! hai !

ARMANDE.

J'ai fort aussi l'*ingrate* dans la tête,
Cette ingrate de fièvre, injuste, malhonnête,
Qui traite mal les gens qui la logent chez eux.

PHILAMINTE.

Enfin les quatrains sont admirables tous deux.
Venons-en promptement aux tercets, je vous prie.

ARMANDE.

Ah ! s'il vous plaît, encore une fois *quoi qu'on die*.

TRISSOTIN.

Faites-la sortir, quoi qu'on die....

PHILAMINTE, ARMANDE, ET BÉLISE.

Quoi qu'on die !

TRISSOTIN.

De votre riche appartement...

PHILAMINTE, ARMANDE, ET BÉLISE.

Riche appartement!

TRISSOTIN.

Où cette ingrate insolemment....

PHILAMINTE, ARMANDE, ET BÉLISE.

Cette *ingrate* de fièvre.

TRISSOTIN.

Attaque votre belle vie.

PHILAMINTE.

Votre belle vie!

ARMANDE ET BÉLISE.

Ah!

TRISSOTIN.

Quoi! sans respecter votre rang,
Elle se prend à votre sang...

PHILAMINTE, ARMANDE, ET BÉLISE.

Ah!

TRISSOTIN.

Et nuit et jour vous fait outrage!
Si vous la conduisez aux bains,
Sans la marchander davantage,
Noyez-la de vos propres mains.

PHILAMINTE.

On n'en peut plus.

BÉLISE.

On pâme.

ARMANDE.

On se meurt de plaisir.

PHILAMINTE.

De mille doux frissons vous vous sentez saisir.

ARMANDE.

« Si vous la conduisez aux bains. »

BÉLISE.

« Sans la marchander davantage, »

PHILAMINTE.

« Noyez-la de vos propres mains. »
De vos propres mains, là, noyez-la dans les bains.

ARMANDE.

Chaque pas dans vos vers rencontre un trait charmant.

BÉLISE.

Partout on s'y promène avec ravissement.

PHILAMINTE.

On n'y sauroit marcher que sur de belles choses.

ARMANDE.

Ce sont petits chemins tout parsemés de roses.

TRISSOTIN.

Le sonnet donc vous semble...

PHILAMINTE.

Admirable, nouveau ;
Et personne jamais n'a rien fait de si beau.

BÉLISE, à Henriette.

Quoi! sans émotion pendant cette lecture!
Vous faites là, ma nièce, une étrange figure.

HENRIETTE.

Chacun fait ici-bas la figure qu'il peut,
Ma tante; et bel esprit, il ne l'est pas qui veut.

TRISSOTIN.

Peut-être que mes vers importunent madame.

HENRIETTE.

Point. Je n'écoute pas.

PHILAMINTE.

Ah ! voyons l'épigramme.

TRISSOTIN.

Sur un carrosse de couleur amarante donné à une dame de ses amies.

PHILAMINTE.

Ses titres ont toujours quelque chose de rare.

ARMANDE.

A cent beaux traits d'esprit leur nouveauté prépare.

TRISSOTIN.

L'amour si chèrement m'a vendu son lien,

PHILAMINTE, ARMANDE, ET BÉLISE.

Ah !

TRISSOTIN.

Qu'il m'en coûte déjà la moitié de mon bien ;
   Et, quand tu vois ce beau carrosse,
   Où tant d'or se relève en bosse,
   Qu'il étonne tout le pays,
Et fait pompeusement triompher ma Laïs...

PHILAMINTE.

Ah ! *ma Laïs !* Voilà de l'érudition.

BÉLISE.

L'enveloppe est jolie, et vaut un million.

TRISSOTIN.

   Et, quand tu vois ce beau carrosse,
   Où tant d'or se relève en bosse,
   Qu'il étonne tout le pays,
Et fait pompeusement triompher ma Laïs,

ACTE III, SCÈNE II.

Ne dis plus qu'il est amarante
Dis plutôt qu'il est de ma rente.

ARMANDE.

Oh! oh! oh! celui-là ne s'attend point du tout.

PHILAMINTE.

On n'a que lui qui puisse écrire de ce goût.

BÉLISE.

« Ne dis plus qu'il est amarante,
« Dis plutôt qu'il est de ma rente. »
Voilà qui se décline, *ma rente, de ma rente, à ma rente.*

PHILAMINTE.

Je ne sais, du moment que je vous ai connu,
Si sur votre sujet j'eus l'esprit prévenu;
Mais j'admire partout vos vers et votre prose.

TRISSOTIN, à Philaminte.

Si vous vouliez de vous nous montrer quelque chose,
A notre tour aussi nous pourrions admirer.

PHILAMINTE.

Je n'ai rien fait en vers; mais j'ai lieu d'espérer
Que je pourrai bientôt vous montrer en amie
Huit chapitres du plan de notre académie.
Platon s'est au projet simplement arrêté,
Quand de sa république il a fait le traité;
Mais à l'effet entier je veux pousser l'idée
Que j'ai sur le papier en prose accommodée:
Car enfin je me sens un étrange dépit
Du tort que l'on nous fait du côté de l'esprit;
Et je veux nous venger, toutes tant que nous sommes,
De cette indigne classe où nous rangent les hommes,
De borner nos talents à des futilités,

Et nous fermer la porte aux sublimes clartés.

ARMANDE.

C'est faire à notre sexe une trop grande offense,
De n'étendre l'effort de notre intelligence
Qu'à juger d'une jupe, ou de l'air d'un manteau,
Ou des beautés d'un point, ou d'un brocart nouveau.

BÉLISE.

Il faut se relever de ce honteux partage,
Et mettre hautement notre esprit hors de page. [1]

TRISSOTIN.

Pour les dames on sait mon respect en tous lieux ;
Et si je rends hommage aux brillants de leurs yeux,
De leur esprit aussi j'honore les lumières.

PHILAMINTE.

Le sexe aussi vous rend justice en ces matières :
Mais nous voulons montrer à de certains esprits
Dont l'orgueilleux savoir nous traite avec mépris
Que de science aussi les femmes sont meublées ;
Qu'on peut faire comme eux de doctes assemblées,
Conduites en cela par des ordres meilleurs ;
Qu'on y veut réunir ce qu'on sépare ailleurs,
Mêler le beau langage et les hautes sciences,
Découvrir la nature en mille expériences,
Et, sur les questions qu'on pourra proposer,
Faire entrer chaque secte, et n'en point épouser.

TRISSOTIN.

Je m'attache pour l'ordre au péripatétisme.

---

[1] Expression proverbiale tirée d'un usage de la cour relatif aux pages ; elle signifie *sortir de tutelle*.

ACTE III, SCÈNE II.

PHILAMINTE.

Pour les abstractions j'aime le platonisme.

ARMANDE.

Épicure me plait, et ses dogmes sont forts.

BÉLISE.

Je m'accommode assez, pour moi, des petits corps;
Mais le vide à souffrir me semble difficile,
Et je goûte bien mieux la matière subtile.

TRISSOTIN.

Descartes, pour l'aimant, donne fort dans mon sens.

ARMANDE.

J'aime ses tourbillons.

PHILAMINTE.

Moi, ses mondes tombants.

ARMANDE.

Il me tarde de voir notre assemblée ouverte,
Et de nous signaler par quelque découverte.

TRISSOTIN.

On en attend beaucoup de vos vives clartés,
Et pour vous la nature a peu d'obscurités.

PHILAMINTE.

Pour moi, sans me flatter, j'en ai déja fait une,
Et j'ai vu clairement des hommes dans la lune.

BÉLISE.

Je n'ai point encor vu d'hommes, comme je crois;
Mais j'ai vu des clochers tout comme je vous vois.

ARMANDE.

Nous approfondirons, ainsi que la physique,
Grammaire, histoire, vers, morale, et politique.

PHILAMINTE.

La morale a des traits dont mon cœur est épris,

Et c'étoit autrefois l'amour des grands esprits :
Mais aux stoïciens je donne l'avantage,
Et je ne trouve rien de si beau que leur sage.

ARMANDE.

Pour la langue, on verra dans peu nos réglements,
Et nous y prétendons faire des remûments.
Par une antipathie, ou juste, ou naturelle,
Nous avons pris chacune une haine mortelle
Pour un nombre de mots, soit ou verbes, ou noms,
Que mutuellement nous nous abandonnons :
Contre eux nous préparons de mortelles sentences,
Et nous devons ouvrir nos doctes conférences
Par les proscriptions de tous ces mots divers
Dont nous voulons purger et la prose et les vers.

PHILAMINTE.

Mais le plus beau projet de notre académie,
Une entreprise noble, et dont je suis ravie,
Un dessein plein de gloire, et qui sera vanté
Chez tous les beaux esprits de la postérité,
C'est le retranchement de ces syllabes sales
Qui dans les plus beaux mots produisent des scandales,
Ces jouets éternels des sots de tous les temps,
Ces fades lieux communs de nos méchants plaisants,
Ces sources d'un amas d'équivoques infames
Dont on vient faire insulte à la pudeur des femmes.

TRISSOTIN.

Voilà certainement d'admirables projets.

BÉLISE.

Vous verrez nos statuts quand ils seront tous faits.

TRISSOTIN.

Ils ne sauroient manquer d'être tous beaux et sages.

ARMANDE.

Nous serons par nos lois les juges des ouvrages ;
Par nos lois, prose et vers, tout nous sera soumis :
Nul n'aura de l'esprit, hors nous et nos amis.
Nous chercherons partout à trouver à redire,
Et ne verrons que nous qui sachent bien écrire.

SCÈNE III.

PHILAMINTE, BÉLISE, ARMANDE, HENRIETTE,
TRISSOTIN, LÉPINE.

LÉPINE, à Trissotin.

Monsieur, un homme est là qui veut parler à vous ;
Il est vêtu de noir, et parle d'un ton doux.
(Ils se lèvent.)

TRISSOTIN.

C'est cet ami savant qui m'a fait tant d'instance
De lui donner l'honneur de votre connoissance.

PHILAMINTE.

Pour le faire venir vous avez tout crédit.
(Trissotin va au-devant de Vadius.)

SCÈNE IV.

PHILAMINTE, BÉLISE, ARMANDE, HENRIETTE.

PHILAMINTE, à Armande et à Bélise.

Faisons bien les honneurs au moins de notre esprit.
(A Henriette qui veut sortir.)
Holà ! je vous ai dit en paroles bien claires,
Que j'ai besoin de vous.

HENRIETTE.

Mais pour quelles affaires?

PHILAMINTE.

Venez ; on va dans peu vous les faire savoir.

SCÈNE V.

TRISSOTIN, VADIUS, PHILAMINTE, BÉLISE, ARMANDE, HENRIETTE.

TRISSOTIN, présentant Vadius.

Voici l'homme qui meurt du desir de vous voir;
En vous le produisant je ne crains point le blâme
D'avoir admis chez vous un profane, madame.
Il peut tenir son coin parmi de beaux esprits.

PHILAMINTE.

La main qui le présente en dit assez le prix.

TRISSOTIN.

Il a des vieux auteurs la pleine intelligence,
Et sait du grec, madame, autant qu'homme de France.

PHILAMINTE, à Bélise.

Du grec! ô ciel! du grec! il sait du grec, ma sœur!

BÉLISE, à Armande.

Ah! ma nièce, du grec!

ARMANDE.

Du grec! quelle douceur!

PHILAMINTE.

Quoi! monsieur sait du grec! Ah! permettez, de grace,
Que, pour l'amour du grec, monsieur, on vous embrasse.

(Vadius embrasse aussi Bélise et Armande.)

ACTE III, SCÈNE V.

HENRIETTE, à Vadius, qui veut aussi l'embrasser.

Excusez-moi, monsieur, je n'entends pas le grec.

(Ils s'asseient.)

PHILAMINTE.

J'ai pour les livres grecs un merveilleux respect.

VADIUS.

Je crains d'être fâcheux par l'ardeur qui m'engage
A vous rendre aujourd'hui, madame, mon hommage;
Et j'aurai pu troubler quelque docte entretien.

PHILAMINTE.

Monsieur, avec du grec on ne peut gâter rien.

TRISSOTIN.

Au reste, il fait merveille en vers ainsi qu'en prose,
Et pourroit, s'il vouloit, vous montrer quelque chose.

VADIUS.

Le défaut des auteurs dans leurs productions,
C'est d'en tyranniser les conversations,
D'être au palais, au cours, aux ruelles, aux tables,
De leurs vers fatigants lecteurs infatigables.
Pour moi, je ne vois rien de plus sot à mon sens
Qu'un auteur qui partout va gueuser des encens;
Qui, des premiers venus saisissant les oreilles,
En fait le plus souvent les martyrs de ses veilles.
On ne m'a jamais vu ce fol entêtement;
Et d'un Grec là-dessus je suis le sentiment,
Qui, par un dogme exprès défend à tous ses sages
L'indigne empressement de lire leurs ouvrages.
Voici de petits vers pour de jeunes amants,
Sur quoi je voudrois bien avoir vos sentiments.

TRISSOTIN.

Vos vers ont des beautés que n'ont point tous les autres.

VADIUS.
Les Graces et Vénus règnent dans tous les vôtres.
TRISSOTIN.
Vous avez le tour libre et le beau choix des mots.
VADIUS.
On voit partout chez vous l'*ithos* et le *pathos*.
TRISSOTIN.
Nous avons vu de vous des églogues d'un style
Qui passe en doux attraits Théocrite et Virgile.
VADIUS.
Vos odes ont un air noble, galant et doux,
Qui laisse de bien loin votre Horace après vous.
TRISSOTIN.
Est-il rien d'amoureux comme vos chansonnettes ?
VADIUS.
Peut-on voir rien d'égal aux sonnets que vous faites ?
TRISSOTIN.
Rien qui soit plus charmant que vos petits rondeaux ?
VADIUS.
Rien de si plein d'esprit que tous vos madrigaux ?
TRISSOTIN.
Aux ballades surtout vous êtes admirable.
VADIUS.
Et dans les bouts rimés je vous trouve adorable.
TRISSOTIN.
Si la France pouvoit connoître votre prix,
VADIUS.
Si le siècle rendoit justice aux beaux esprits ;
TRISSOTIN.
En carrosse doré vous iriez par les rues.

ACTE III, SCÈNE V.

VADIUS.

On verroit le public vous dresser des statues.
(A Trissotin.)
Hom! c'est une ballade, et je veux que tout net
Vous m'en....

TRISSOTIN, à Vadius.

Avez-vous vu certain petit sonnet
Sur la fièvre qui tient la princesse Uranie?

VADIUS.

Oui. Hier il me fut lu dans une compagnie.

TRISSOTIN.

Vous en savez l'auteur.

VADIUS.

Non; mais je sais fort bien
Qu'à ne le point flatter, son sonnet ne vaut rien.

TRISSOTIN.

Beaucoup de gens pourtant le trouvent admirable.

VADIUS.

Cela n'empêche pas qu'il ne soit misérable;
Et, si vous l'avez vu, vous serez de mon goût.

TRISSOTIN.

Je sais que là-dessus je n'en suis point du tout,
Et que d'un tel sonnet peu de gens sont capables.

VADIUS.

Me préserve le ciel d'en faire de semblables!

TRISSOTIN.

Je soutiens qu'on ne peut en faire de meilleur;
Et ma grande raison est que j'en suis l'auteur.

VADIUS.

Vous?

TRISSOTIN.

Moi.

VADIUS.

Je ne sais donc comment se fit l'affaire.

TRISSOTIN.

C'est qu'on fut malheureux de ne pouvoir vous plaire.

VADIUS.

Il faut qu'en écoutant j'aie eu l'esprit distrait,
Ou bien que le lecteur m'ait gâté le sonnet.
Mais laissons ce discours, et voyons ma ballade.

TRISSOTIN.

La ballade, à mon goût, est une chose fade ;
Ce n'en est plus la mode, elle sent son vieux temps.

VADIUS.

La ballade pourtant charme beaucoup de gens.

TRISSOTIN.

Cela n'empêche pas qu'elle ne me déplaise.

VADIUS.

Elle n'en reste pas pour cela plus mauvaise.

TRISSOTIN.

Elle a pour les pédants de merveilleux appas.

VADIUS.

Cependant nous voyons qu'elle ne vous plaît pas.

TRISSOTIN.

Vous donnez sottement vos qualités aux autres.

(Ils se lèvent tous.)

VADIUS.

Fort impertinemment vous me jetez les vôtres.

TRISSOTIN.

Allez, petit grimaud, barbouilleur de papier.

ACTE III, SCÈNE V.

VADIUS.

Allez, rimeur de halle, opprobre du métier.

TRISSOTIN.

Allez, fripier d'écrits, impudent plagiaire.

VADIUS.

Allez, cuistre...

PHILAMINTE.

Hé! messieurs, que prétendez-vous faire?

TRISSOTIN, à Vadius.

Va, va restituer tous les honteux larcins
Que réclament sur toi les Grecs et les Latins.

VADIUS.

Va, va-t'en faire amende honorable au Parnasse
D'avoir fait à tes vers estropier Horace.

TRISSOTIN.

Souviens-toi de ton livre, et de son peu de bruit.

VADIUS.

Et toi, de ton libraire à l'hôpital réduit.

TRISSOTIN.

Ma gloire est établie, en vain tu la déchires.

VADIUS.

Oui, oui; je te renvoie à l'auteur des satires.

TRISSOTIN.

Je t'y renvoie aussi.

VADIUS.

J'ai le contentement
Qu'on voit qu'il m'a traité plus honorablement.
Il me donne en passant une atteinte légère
Parmi plusieurs auteurs qu'au palais on révère;
Mais jamais dans ses vers il ne te laisse en paix,

Et l'on t'y voit partout être en butte à ses traits.

TRISSOTIN.

C'est par-là que j'y tiens un rang plus honorable.
Il te met dans la foule, ainsi qu'un misérable,
Il croit que c'est assez d'un coup pour t'accabler,
Et ne t'a jamais fait l'honneur de redoubler :
Mais il m'attaque à part comme un noble adversaire,
Sur qui tout son effort lui semble nécessaire ;
Et ses coups, contre moi redoublés en tous lieux,
Montrent qu'il ne se croit jamais victorieux.

VADIUS.

Ma plume t'apprendra quel homme je puis être.

TRISSOTIN.

Et la mienne saura te faire voir ton maître.

VADIUS.

Je te défie en vers, prose, grec et latin.

TRISSOTIN.

Hé bien! nous nous verrons seul à seul chez Barbin.

SCÈNE VI.

TRISSOTIN, PHILAMINTE, ARMANDE,
BÉLISE, HENRIETTE.

TRISSOTIN.

A mon emportement ne donnez aucun blâme ;
C'est votre jugement que je défends, madame,
Dans le sonnet qu'il a l'audace d'attaquer.

PHILAMINTE.

A vous remettre bien je me veux appliquer.

Mais parlons d'autre affaire. Approchez, Henriette:
Depuis assez long-temps mon ame s'inquiète
De ce qu'aucun esprit en vous ne se fait voir;
Mais je trouve un moyen de vous en faire avoir.

    HENRIETTE.

C'est prendre un soin pour moi qui n'est pas nécessaire;
Les doctes entretiens ne sont point mon affaire:
J'aime à vivre aisément; et, dans tout ce qu'on dit,
Il faut se trop peiner pour avoir de l'esprit;
C'est une ambition que je n'ai point en tête.
Je me trouve fort bien, ma mère, d'être bête;
Et j'aime mieux n'avoir que de communs propos,
Que de me tourmenter pour dire de beaux mots.

    PHILAMINTE.

Oui; mais j'y suis blessée, et ce n'est pas mon compte
De souffrir dans mon sang une pareille honte.
La beauté du visage est un frêle ornement,
Une fleur passagère, un éclat d'un moment,
Et qui n'est attaché qu'à la simple épiderme;
Mais celle de l'esprit est inhérente et ferme.
J'ai donc cherché long-temps un biais de vous donner
La beauté que les ans ne peuvent moissonner,
De faire entrer chez vous le desir des sciences,
De vous insinuer les belles connoissances;
Et la pensée enfin où mes vœux ont souscrit,
C'est d'attacher à vous un homme plein d'esprit.
  (Montrant Trissotin.)
Et cet homme est monsieur, que je vous détermine
A voir comme l'époux que mon choix vous destine.

HENRIETTE.

Moi, ma mère?

PHILAMINTE.

Oui, vous : faites la sotte un peu.

BÉLISE, à Trissotin.

Je vous entends : vos yeux demandent mon aveu
Pour engager ailleurs un cœur que je possède;
Allez, je le veux bien. A ce nœud je vous cède;
C'est un hymen qui fait votre établissement.

TRISSOTIN, à Henriette.

Je ne sais que vous dire en mon ravissement,
Madame; et cet hymen dont je vois qu'on m'honore,
Me met...

HENRIETTE.

Tout beau, monsieur; il n'est pas fait encore :
Ne vous pressez pas tant.

PHILAMINTE.

Comme vous répondez !
Savez-vous bien que si... Suffit. Vous m'entendez.
    (A Trissotin.)
Elle se rendra sage. Allons; laissons-la faire.

SCÈNE VII.

HENRIETTE, ARMANDE.

ARMANDE.

On voit briller pour vous les soins de notre mère;
Et son choix ne pouvoit d'un plus illustre époux...

HENRIETTE.
Si le choix est si beau, que ne le prenez-vous?
ARMANDE.
C'est à vous, non à moi, que sa main est donnée.
HENRIETTE.
Je vous le cède tout, comme à ma sœur ainée.
ARMANDE.
Si l'hymen, comme à vous, me paroissoit charmant,
J'accepterois votre offre avec ravissement.
HENRIETTE.
Si j'avois, comme vous, les pédants dans la tête,
Je pourrois le trouver un parti fort honnête.
ARMANDE.
Cependant, bien qu'ici nos goûts soient différents,
Nous devons obéir, ma sœur, à nos parents.
Une mère a sur nous une entière puissance;
Et vous croyez en vain, par votre résistance...

SCÈNE VIII.

CHRYSALE, ARISTE, CLITANDRE, HENRIETTE, ARMANDE.

CHRYSALE, à Henriette, lui présentant Clitandre.
Allons, ma fille, il faut approuver mon dessein.
Otez ce gant. Touchez à monsieur dans la main,
Et le considérez désormais dans votre ame
En homme dont je veux que vous soyez la femme.
ARMANDE.
De ce coté, ma sœur, vos penchants sont forts grands.

HENRIETTE.

Il nous faut obéir, ma sœur, à nos parents;
Un père a sur nos vœux une entière puissance.

ARMANDE.

Une mère a sa part à notre obéissance.

CHRYSALE.

Qu'est-ce à dire?

ARMANDE.

Je dis que j'appréhende fort
Qu'ici ma mère et vous ne soyez pas d'accord;
Et c'est un autre époux...

CHRYSALE.

Taisez-vous, péronnelle;
Allez philosopher tout le soûl avec elle,
Et de mes actions ne vous mêlez en rien.
Dites-lui ma pensée, et l'avertissez bien
Qu'elle ne vienne pas m'échauffer les oreilles.
Allons vite.

SCÈNE IX.

CHRYSALE, ARISTE, HENRIETTE, CLITANDRE.

ARISTE.

Fort bien. Vous faites des merveilles.

CLITANDRE.

Quel transport! quelle joie! Ah! que mon sort est doux!

CHRYSALE, à Clitandre.

Allons, prenez sa main, et passez devant nous;
Menez-la dans sa chambre. Ah! les douces caresses!

(A Ariste.)
Tenez, mon cœur s'émeut à toutes ces tendresses :
Cela ragaillardit tout-à-fait mes vieux jours ;
Et je me ressouviens de mes jeunes amours.

FIN DU TROISIÈME ACTE.

ACTE QUATRIÈME.

SCÈNE I.

PHILAMINTE, ARMANDE.

ARMANDE.

Oui, rien n'a retenu son esprit en balance ;
Elle a fait vanité de son obéissance.
Son cœur, pour se livrer, à peine devant moi,
S'est-il donné le temps d'en recevoir la loi,
Et sembloit suivre moins les volontés d'un père,
Qu'affecter de braver les ordres d'une mère.

PHILAMINTE.

Je lui montrerai bien aux lois de qui des deux
Les droits de la raison soumettent tous ses vœux,
Et qui doit gouverner, ou sa mère, ou son père,
Ou l'esprit ou le corps, la forme ou la matière.

ARMANDE.

On vous en devoit bien, au moins, un compliment ;
Et ce petit monsieur en use étrangement
De vouloir, malgré vous, devenir votre gendre.

PHILAMINTE.

Il n'en est pas encore où son cœur peut prétendre.
Je le trouvois bien fait, et j'aimois vos amours ;

Mais, dans ses procédés, il m'a déplu toujours.
Il sait que, dieu merci, je me mêle d'écrire;
Et jamais il ne m'a prié de lui rien lire.

SCÈNE II.

CLITANDRE, entrant doucement, et écoutant sans se montrer;
ARMANDE, PHILAMINTE.

ARMANDE.

Je ne souffrirois point, si j'étois que de vous,
Que jamais d'Henriette il pût être l'époux.
On me feroit grand tort d'avoir quelque pensée
Que là-dessus je parle en fille intéressée,
Et que le lâche tour que l'on voit qu'il me fait,
Jette au fond de mon cœur quelque dépit secret.
Contre de pareils coups l'ame se fortifie
Du solide secours de la philosophie,
Et par elle on se peut mettre au-dessus de tout.
Mais pour traiter ainsi, c'est vous pousser à bout.
Il est de votre honneur d'être à ses vœux contraire;
Et c'est un homme enfin qui ne doit point vous plaire.
Jamais je n'ai connu, discourant entre nous,
Qu'il eût au fond du cœur de l'estime pour vous.

PHILAMINTE.

Petit sot!

ARMANDE.

Quelque bruit que votre gloire fasse,
Toujours à vous louer il a paru de glace.

PHILAMINTE.

Le brutal!

ARMANDE.

Et vingt fois, comme ouvrages nouveaux,
J'ai lu des vers de vous qu'il n'a point trouvés beaux.

PHILAMINTE.

L'impertinent!

ARMANDE.

Souvent nous en étions aux prises;
Et vous ne croiriez point de combien de sottises...

CLITANDRE, à Armande.

Hé! doucement, de grace. Un peu de charité,
Madame, ou tout au moins, un peu d'honnêteté.
Quel mal vous ai-je fait? et quelle est mon offense
Pour armer contre moi toute votre éloquence,
Pour vouloir me détruire, et prendre tant de soin
De me rendre odieux aux gens dont j'ai besoin?
Parlez, dites, d'où vient ce courroux effroyable?
Je veux bien que madame en soit juge équitable.

ARMANDE.

Si j'avois le courroux dont on veut m'accuser,
Je trouverois assez de quoi l'autoriser;
Vous en seriez trop digne : et les premières flammes
S'établissent des droits si sacrés sur les ames,
Qu'il faut perdre fortune, et renoncer au jour,
Plutôt que de brûler des feux d'un autre amour.
Au changement de vœux nulle horreur ne s'égale;
Et tout cœur infidèle est un monstre en morale.

CLITANDRE.

Appelez-vous, madame, une infidélité

Ce que m'a de votre ame ordonné la fierté?
Je ne fais qu'obéir aux lois qu'elle m'impose;
Et si je vous offense, elle seule en est cause.
Vos charmes ont d'abord possédé tout mon cœur;
Il a brûlé deux ans d'une constante ardeur;
Il n'est soins empressés, devoirs, respects, services,
Dont il ne vous ait fait d'amoureux sacrifices.
Tous mes feux, tous mes soins, ne peuvent rien sur vous,
Je vous trouve contraire à mes vœux les plus doux;
Ce que vous refusez, je l'offre au choix d'une autre.
Voyez : est-ce, madame, ou ma faute, ou la vôtre?
Mon cœur court-il au change, ou si vous l'y poussez?
Est-ce moi qui vous quitte? ou vous qui me chassez?

ARMANDE.

Appelez-vous, monsieur, être à vos vœux contraire,
Que de leur arracher ce qu'ils ont de vulgaire,
Et vouloir les réduire à cette pureté,
Où du parfait amour consiste la beauté?
Vous ne sauriez pour moi tenir votre pensée
Du commerce des sens nette et débarrassée;
Et vous ne goûtez point, dans ses plus doux appas,
Cette union des cœurs où les corps n'entrent pas.
Vous ne pouvez aimer que d'une amour grossière,
Qu'avec tout l'attirail des nœuds de la matière;
Et, pour nourrir les feux que chez vous on produit,
Il faut un mariage et tout ce qui s'ensuit.
Ah! quel étrange amour! et que les belles ames
Sont bien loin de brûler de ces terrestres flammes!
Les sens n'ont point de part à toutes leurs ardeurs,
Et ce beau feu ne veut marier que les cœurs;

Comme une chose indigne, il laisse là le reste :
C'est un feu pur et net comme le feu céleste ;
On ne pousse avec lui que d'honnêtes soupirs,
Et l'on ne penche point vers les sales desirs.
Rien d'impur ne se mêle au but qu'on se propose ;
On aime pour aimer, et non pour autre chose :
Ce n'est qu'à l'esprit seul que vont tous les transports,
Et l'on ne s'aperçoit jamais qu'on ait un corps.

CLITANDRE.

Pour moi, par un malheur, je m'aperçois, madame,
Que j'ai, ne vous déplaise, un corps tout comme une ame ;
Je sens qu'il y tient trop pour le laisser à part.
De ces détachements je ne connois point l'art ;
Le ciel m'a dénié cette philosophie,
Et mon ame et mon corps marchent de compagnie.
Il n'est rien de plus beau, comme vous avez dit,
Que ces vœux épurés qui ne vont qu'à l'esprit,
Ces unions de cœur, et ces tendres pensées,
Du commerce des sens si bien débarrassées.
Mais ces amours pour moi sont trop subtilisés ;
Je suis un peu grossier, comme vous m'accusez :
J'aime avec tout moi-même ; et l'amour qu'on me donne,
En veut, je le confesse, à toute la personne.
Ce n'est pas là matière à de grands châtiments ;
Et, sans faire de tort à vos beaux sentiments,
Je vois que dans le monde on suit fort ma méthode,
Et que le mariage est assez à la mode,
Passe pour un lien assez honnête et doux,
Pour avoir desiré de me voir votre époux,
Sans que la liberté d'une telle pensée

Ait dû vous donner lieu d'en paroître offensée.

ARMANDE.

Hé bien! monsieur, hé bien! puisque, sans m'écouter,
Vos sentiments brutaux veulent se contenter;
Puisque, pour vous réduire à des ardeurs fidèles,
Il faut des nœuds de chair, des chaînes corporelles,
Si ma mère le veut, je résous mon esprit
A consentir pour vous à ce dont il s'agit.

CLITANDRE.

Il n'est plus temps, madame, une autre a pris la place;
Et par un tel retour j'aurois mauvaise grace
De maltraiter l'asile, et blesser les bontés
Où je me suis sauvé de toutes vos fiertés.

PHILAMINTE.

Mais enfin comptez-vous, monsieur, sur mon suffrage,
Quand vous vous promettez cet autre mariage?
Et, dans vos visions, savez-vous, s'il vous plaît,
Que j'ai pour Henriette un autre époux tout prêt?

CLITANDRE.

Hé! madame, voyez votre choix, je vous prie;
Exposez-moi, de grace, à moins d'ignominie,
Et ne me rangez pas à l'indigne destin
De me voir le rival de monsieur Trissotin.
L'amour des beaux esprits, qui chez vous m'est contraire,
Ne pouvoit m'opposer un moins noble adversaire.
Il en est, et plusieurs, que, pour le bel esprit,
Le mauvais goût du siècle a su mettre en crédit;
Mais monsieur Trissotin n'a pu duper personne,
Et chacun rend justice aux écrits qu'il nous donne.
Hors céans, on le prise en tous lieux ce qu'il vaut;

Et ce qui m'a vingt fois fait tomber de mon haut,
C'est de vous voir au ciel élever des sornettes,
Que vous désavoûriez si vous les aviez faites.

PHILAMINTE.

Si vous jugez de lui tout autrement que nous,
C'est que nous le voyons par d'autres yeux que vous.

SCÈNE III.

TRISSOTIN, PHILAMINTE, ARMANDE, CLITANDRE.

TRISSOTIN, à Philaminte.

Je viens vous annoncer une grande nouvelle.
Nous l'avons en dormant, madame, échappé belle;
Un monde près de nous a passé tout du long,
Est chu tout au travers de notre tourbillon;
Et, s'il eût en chemin rencontré notre terre,
Elle eût été brisée en morceaux, comme verre.

PHILAMINTE.

Remettons ce discours pour une autre saison :
Monsieur n'y trouveroit ni rime ni raison;
Il fait profession de chérir l'ignorance,
Et de haïr surtout l'esprit et la science.

CLITANDRE.

Cette vérité veut quelque adoucissement.
Je m'explique, madame; et je hais seulement
La science et l'esprit qui gâtent les personnes.
Ce sont choses, de soi, qui sont belles et bonnes;

ACTE IV, SCÈNE III.

Mais j'aimerois mieux être au rang des ignorants,
Que de me voir savant comme certaines gens.

TRISSOTIN.

Pour moi, je ne tiens pas, quelque effet qu'on suppose,
Que la science soit pour gâter quelque chose.

CLITANDRE.

Et c'est mon sentiment qu'en faits comme en propos
La science est sujette à faire de grands sots.

TRISSOTIN.

Le paradoxe est fort.

CLITANDRE.

Sans être fort habile,
La preuve m'en seroit, je pense, assez facile.
Si les raisons manquoient, je suis sûr qu'en tout cas
Les exemples fameux ne me manqueroient pas.

TRISSOTIN.

Vous en pourriez citer qui ne concluroient guère.

CLITANDRE.

Je n'irois pas bien loin pour trouver mon affaire.

TRISSOTIN.

Pour moi, je ne vois pas ces exemples fameux.

CLITANDRE.

Moi, je les vois si bien, qu'ils me crèvent les yeux.

TRISSOTIN.

J'ai cru jusques ici que c'étoit l'ignorance
Qui faisoit les grands sots, et non pas la science.

CLITANDRE.

Vous avez cru fort mal; et je vous suis garant
Qu'un sot savant est sot plus qu'un sot ignorant.

TRISSOTIN.

Le sentiment commun est contre vos maximes,
Puisque ignorant et sot sont termes synonymes.

CLITANDRE.

Si vous le voulez prendre aux usages du mot,
L'alliance est plus grande entre pédant et sot.

TRISSOTIN.

La sottise, dans l'un, se fait voir toute pure.

CLITANDRE.

Et l'étude, dans l'autre, ajoute à la nature.

TRISSOTIN.

Le savoir garde en soi son mérite éminent.

CLITANDRE.

Le savoir, dans un fat, devient impertinent.

TRISSOTIN.

Il faut que l'ignorance ait pour vous de grands charmes,
Puisque pour elle ainsi vous prenez tant les armes.

CLITANDRE.

Si pour moi l'ignorance a des charmes bien grands,
C'est depuis qu'à mes yeux s'offrent certains savants.

TRISSOTIN.

Ces certains savants-là peuvent, à les connoître,
Valoir certaines gens que nous voyons paroître.

CLITANDRE.

Oui, si l'on s'en rapporte à ces certains savants :
Mais on n'en convient pas chez ces certaines gens.

PHILAMINTE, à Clitandre.

Il me semble, monsieur...

CLITANDRE.

     Hé ! madame, de grace,

Monsieur est assez fort, sans qu'à son aide on passe.
Je n'ai déja que trop d'un si rude assaillant;
Et si je me défends, ce n'est qu'en reculant.

ARMANDE.

Mais l'offensante aigreur de chaque repartie
Dont vous...

CLITANDRE.

Autre second! Je quitte la partie.

PHILAMINTE.

On souffre aux entretiens ces sortes de combats,
Pourvu qu'à la personne on ne s'attaque pas.

CLITANDRE.

Hé! mon dieu! tout cela n'a rien dont il s'offense,
Il entend raillerie autant qu'homme de France;
Et de bien d'autres traits il s'est senti piquer,
Sans que jamais sa gloire ait fait que s'en moquer.

TRISSOTIN.

Je ne m'étonne pas, au combat que j'essuie,
De voir prendre à monsieur la thèse qu'il appuie;
Il est fort enfoncé dans la cour, c'est tout dit.
La cour, comme l'on sait, ne tient pas pour l'esprit:
Elle a quelque intérêt d'appuyer l'ignorance;
Et c'est en courtisan qu'il en prend la défense.

CLITANDRE.

Vous en voulez beaucoup à cette pauvre cour;
Et son malheur est grand de voir que, chaque jour,
Vous autres beaux esprits vous déclamiez contre elle;
Que de tous vos chagrins vous lui fassiez querelle,
Et, sur son méchant goût lui faisant son procès,
N'accusiez que lui seul de vos méchants succès.

Permettez-moi, monsieur Trissotin, de vous dire,
Avec tout le respect que votre nom m'inspire,
Que vous feriez fort bien, vos confrères et vous,
De parler de la cour d'un ton un peu plus doux ;
Qu'à le bien prendre au fond, elle n'est pas si bête
Que vous autres, messieurs, vous vous mettez en tête;
Qu'elle a du sens commun pour se connoître à tout;
Que chez elle on se peut former quelque bon goût;
Et que l'esprit du monde y vaut, sans flatterie,
Tout le savoir obscur de la pédanterie.

TRISSOTIN.

De son bon goût, monsieur, nous voyons des effets.

CLITANDRE.

Où voyez-vous, monsieur, qu'elle l'ait si mauvais?

TRISSOTIN.

Ce que je vois, monsieur? C'est que pour la science
Rasius et Baldus font honneur à la France,
Et que tout leur mérite, exposé fort au jour,
N'attire point les yeux et les dons de la cour.

CLITANDRE.

Je vois votre chagrin, et que, par modestie,
Vous ne vous mettez point, monsieur, de la partie.
Et, pour ne vous point mettre aussi dans le propos,
Que font-ils pour l'État, vos habiles héros?
Qu'est-ce que leurs écrits lui rendent de service,
Pour accuser la cour d'une horrible injustice,
Et se plaindre en tous lieux que sur leurs doctes noms
Elle manque à verser la faveur de ses dons ?
Leur savoir à la France est beaucoup nécessaire!
Et des livres qu'ils font la cour a bien affaire!

Il semble à trois gredins, dans leur petit cerveau,
Que, pour être imprimés et reliés en veau,
Les voilà dans l'État d'importantes personnes ;
Qu'avec leur plume ils font les destins des couronnes ;
Qu'au moindre petit bruit de leurs productions,
Ils doivent voir chez eux voler les pensions ;
Que sur eux l'univers a la vue attachée ;
Que partout de leur nom la gloire est épanchée ;
Et qu'en science ils sont des prodiges fameux,
Pour savoir ce qu'ont dit les autres avant eux,
Pour avoir eu trente ans des yeux et des oreilles,
Pour avoir employé neuf ou dix mille veilles
A se bien barbouiller de grec et de latin,
Et se charger l'esprit d'un ténébreux butin,
De tous les vieux fatras qui traînent dans les livres :
Gens qui de leur savoir paroissent toujours ivres ;
Riches, pour tout mérite, en babil importun ;
Inhabiles à tout, vides de sens commun,
Et pleins d'un ridicule et d'une impertinence
A décrier partout l'esprit et la science.

PHILAMINTE.

Votre chaleur est grande ; et cet emportement
De la nature en vous marque le mouvement.
C'est le nom de rival qui dans votre ame excite...

SCÈNE IV.

TRISSOTIN, PHILAMINTE, CLITANDRE, ARMANDE, JULIEN.

JULIEN.

Le savant qui tantôt vous a rendu visite,
Et de qui j'ai l'honneur de me voir le valet,
Madame, vous exhorte à lire ce billet.

PHILAMINTE.

Quelque important que soit ce qu'on veut que je lise,
Apprenez, mon ami, que c'est une sottise
De se venir jeter au travers d'un discours,
Et qu'aux gens d'un logis il faut avoir recours,
Afin de s'introduire en valet qui sait vivre.

JULIEN.

Je noterai cela, madame, dans mon livre.

PHILAMINTE, lisant.

« Trissotin s'est vanté, madame, qu'il épouseroit
« votre fille. Je vous donne avis que sa philosophie n'en
« veut qu'à vos richesses, et que vous ferez bien de ne
« point conclure ce mariage, que vous n'ayez vu le poëme
« que je compose contre lui. En attendant cette pein-
« ture, où je prétends vous le dépeindre de toutes ses
« couleurs, je vous envoie Horace, Virgile, Térence,
« et Catulle, où vous verrez notés en marge tous les
« endroits qu'il a pillés. »
Voilà sur cet hymen que je me suis promis
Un mérite attaqué de beaucoup d'ennemis;

Et ce déchaînement aujourd'hui me convie
A faire une action qui confonde l'envie,
Qui lui fasse sentir que l'effort qu'elle fait,
De ce qu'elle veut rompre aura pressé l'effet.
　　(A Julien.)
Reportez tout cela sur l'heure à votre maître,
Et lui dites qu'afin de lui faire connoître
Quel grand état je fais de ses nobles avis,
Et comme je les crois dignes d'être suivis,
　　　　(Montrant Trissotin.)
Dès ce soir à monsieur je marîrai ma fille.

SCÈNE V.

PHILAMINTE, ARMANDE, CLITANDRE.

PHILAMINTE, à Clitandre.

Vous, monsieur, comme ami de toute la famille,
A signer leur contrat vous pourrez assister;
Et je vous y veux bien de ma part inviter.
Armande, prenez soin d'envoyer au notaire,
Et d'aller avertir votre sœur de l'affaire.

ARMANDE.

Pour avertir ma sœur, il n'en est pas besoin ;
Et monsieur que voilà saura prendre le soin
De courir lui porter bientôt cette nouvelle,
Et disposer son cœur à vous être rebelle.

PHILAMINTE.

Nous verrons qui sur elle aura plus de pouvoir,
Et si je la saurai réduire à son devoir.

SCÈNE VI.

ARMANDE, CLITANDRE.

ARMANDE.

J'ai grand regret, monsieur, de voir qu'à vos visées
Les choses ne soient pas tout-à-fait disposées.

CLITANDRE.

Je m'en vais travailler, madame, avec ardeur,
A ne vous point laisser ce grand regret au cœur.

ARMANDE.

J'ai peur que votre effort n'ait pas trop bonne issue.

CLITANDRE.

Peut-être verrez-vous votre crainte déçue.

ARMANDE.

Je le souhaite ainsi.

CLITANDRE.

J'en suis persuadé,
Et que de votre appui je serai secondé.

ARMANDE.

Oui, je vais vous servir de toute ma puissance.

CLITANDRE.

Et ce service est sûr de ma reconnoissance.

SCÈNE VII.

CHRYSALE, ARISTE, HENRIETTE, CLITANDRE.

CLITANDRE.

Sans votre appui, monsieur, je serai malheureux.

ACTE IV, SCÈNE VII.

Madame votre femme a rejeté mes vœux ;
Et son cœur prévenu veut Trissotin pour gendre.

CHRYSALE.

Mais quelle fantaisie a-t-elle donc pu prendre ?
Pourquoi diantre vouloir ce monsieur Trissotin ?

ARISTE.

C'est par l'honneur qu'il a de rimer à latin,
Qu'il a sur son rival emporté l'avantage.

CLITANDRE.

Elle veut dès ce soir faire ce mariage.

CHRYSALE.

Dès ce soir ?

CLITANDRE.

Dès ce soir.

CHRYSALE.

Et dès ce soir je veux,
Pour la contrecarrer, vous marier vous deux.

CLITANDRE.

Pour dresser le contrat, elle envoie au notaire.

CHRYSALE.

Et je vais le querir pour celui qu'il doit faire.

CLITANDRE, montrant Henriette.

Et madame doit être instruite par sa sœur
De l'hymen où l'on veut qu'elle apprête son cœur.

CHRYSALE.

Et moi, je lui commande avec pleine puissance
De préparer sa main à cette autre alliance.
Ah ! je leur ferai voir si, pour donner la loi,
Il est dans ma maison d'autre maître que moi.

(A Henriette.)

Nous allons revenir, songez à nous attendre.

Allons, suivez mes pas, mon frère, et vous, mon gendre.

HENRIETTE, à Ariste.

Hélas ! dans cette humeur conservez-le toujours.

ARISTE.

J'emploîrai toute chose à servir vos amours.

SCÈNE VIII.

HENRIETTE, CLITANDRE.

CLITANDRE.

Quelque secours puissant qu'on promette à ma flamme,
Mon plus solide espoir, c'est votre cœur, madame.

HENRIETTE.

Pour mon cœur, vous pouvez vous assurer de lui.

CLITANDRE.

Je ne puis qu'être heureux quand j'aurai son appui.

HENRIETTE.

Vous voyez à quels nœuds on prétend le contraindre.

CLITANDRE.

Tant qu'il sera pour moi, je ne vois rien à craindre.

HENRIETTE.

Je vais tout essayer pour nos vœux les plus doux ;
Et si tous mes efforts ne me donnent à vous,
Il est une retraite où mon ame se donne,
Qui m'empêchera d'être à toute autre personne.

CLITANDRE.

Veuille le juste ciel me garder en ce jour
De recevoir de vous cette preuve d'amour !

FIN DU QUATRIÈME ACTE.

ACTE CINQUIÈME.

SCÈNE I.

HENRIETTE, TRISSOTIN.

HENRIETTE.

C'est sur le mariage où ma mère s'apprête
Que j'ai voulu, monsieur, vous parler tête à tête;
Et j'ai cru, dans le trouble où je vois la maison,
Que je pourrois vous faire écouter la raison.
Je sais qu'avec mes vœux vous me jugez capable
De vous porter en dot un bien considérable.
Mais l'argent, dont on voit tant de gens faire cas,
Pour un vrai philosophe a d'indignes appas;
Et le mépris du bien et des grandeurs frivoles
Ne doit point éclater dans vos seules paroles.

TRISSOTIN.

Aussi n'est-ce point là ce qui me charme en vous;
Et vos brillants attraits, vos yeux perçants et doux,
Votre grace et votre air, sont les biens, les richesses,
Qui vous ont attiré mes vœux et mes tendresses :
C'est de ces seuls trésors que je suis amoureux.

HENRIETTE.

Je suis fort redevable à vos feux généreux.
Cet obligeant amour a de quoi me confondre;

Et j'ai regret, monsieur, de n'y pouvoir répondre.
Je vous estime autant qu'on sauroit estimer ;
Mais je trouve un obstacle à vous pouvoir aimer.
Un cœur, vous le savez, à deux ne sauroit être ;
Et je sens que du mien Clitandre s'est fait maître.
Je sais qu'il a bien moins de mérite que vous,
Que j'ai de méchants yeux pour le choix d'un époux,
Que par cent beaux talents vous devriez me plaire ;
Je vois bien que j'ai tort, mais je n'y puis que faire ;
Et tout ce que sur moi peut le raisonnement,
C'est de me vouloir mal d'un tel aveuglement.

TRISSOTIN.

Le don de votre main, où l'on me fait prétendre,
Me livrera ce cœur que possède Clitandre ;
Et par mille doux soins j'ai lieu de présumer
Que je pourrai trouver l'art de me faire aimer.

HENRIETTE.

Non : à ses premiers vœux mon ame est attachée,
Et ne peut de vos soins, monsieur, être touchée.
Avec vous librement j'ose ici m'expliquer,
Et mon aveu n'a rien qui vous doive choquer.
Cette amoureuse ardeur qui dans les cœurs s'excite,
N'est point, comme l'on sait, un effet du mérite :
Le caprice y prend part ; et, quand quelqu'un nous plaît,
Souvent nous avons peine à dire pourquoi c'est.
Si l'on aimoit, monsieur, par choix et par sagesse,
Vous auriez tout mon cœur et toute ma tendresse ;
Mais on voit que l'amour se gouverne autrement.
Laissez-moi, je vous prie, à mon aveuglement ;
Et ne vous servez point de cette violence

Que, pour vous, on veut faire à mon obéissance.
Quand on est honnête homme, on ne veut rien devoir
A ce que des parents ont sur nous de pouvoir;
On répugne à se faire immoler ce qu'on aime,
Et l'on veut n'obtenir un cœur que de lui-même.
Ne poussez point ma mère à vouloir, par son choix,
Exercer sur mes vœux la rigueur de ses droits.
Otez-moi votre amour, et portez à quelque autre
Les hommages d'un cœur aussi cher que le vôtre.

TRISSOTIN.

Le moyen que ce cœur puisse vous contenter?
Imposez-lui des lois qu'il puisse exécuter.
De ne vous point aimer peut-il être capable,
A moins que vous cessiez, madame, d'être aimable,
Et d'étaler aux yeux les célestes appas?...

HENRIETTE.

Hé! monsieur, laissons là ce galimatias.
Vous avez tant d'Iris, de Philis, d'Amarantes,
Que partout dans vos vers vous peignez si charmantes,
Et pour qui vous jurez tant d'amoureuse ardeur...

TRISSOTIN.

C'est mon esprit qui parle, et ce n'est pas mon cœur.
D'elles on ne me voit amoureux qu'en poète;
Mais j'aime tout de bon l'adorable Henriette.

HENRIETTE.

Hé! de grace, monsieur...

TRISSOTIN.

Si c'est vous offenser,
Mon offense envers vous n'est pas prête à cesser.
Cette ardeur, jusqu'ici de vos yeux ignorée,

Vous consacre des vœux d'éternelle durée.
Rien n'en peut arrêter les aimables transports;
Et bien que vos beautés condamnent mes efforts,
Je ne puis refuser le secours d'une mère
Qui prétend couronner une flamme si chère;
Et, pourvu que j'obtienne un bonheur si charmant,
Pourvu que je vous aie, il n'importe comment.

HENRIETTE.

Mais savez-vous qu'on risque un peu plus qu'on ne pense
A vouloir sur un cœur user de violence;
Qu'il ne fait pas bien sûr, à vous le trancher net,
D'épouser une fille en dépit qu'elle en ait;
Et qu'elle peut aller, en se voyant contraindre,
A des ressentiments que le mari doit craindre?

TRISSOTIN.

Un tel discours n'a rien dont je sois attéré;
A tous événements le sage est préparé.
Guéri par la raison des foiblesses vulgaires,
Il se met au-dessus de ces sortes d'affaires,
Et n'a garde de prendre aucune ombre d'ennui,
De tout ce qui n'est pas pour dépendre de lui.

HENRIETTE.

En vérité, monsieur, je suis de vous ravie;
Et je ne pensois pas que la philosophie
Fût si belle qu'elle est, d'instruire ainsi les gens
A porter constamment de pareils accidents.
Cette fermeté d'ame, à vous si singulière,
Mérite qu'on lui donne une illustre matière,
Est digne de trouver qui prenne avec amour
Les soins continuels de la mettre en son jour;

Et comme, à dire vrai, je n'oserois me croire
Bien propre à lui donner tout l'éclat de sa gloire,
Je le laisse à quelque autre, et vous jure, entre nous,
Que je renonce au bien de vous voir mon époux.

TRISSOTIN, en sortant.

Nous allons voir bientôt comment ira l'affaire ;
Et l'on a là-dedans fait venir le notaire.

SCÈNE II.

CHRYSALE, CLITANDRE, HENRIETTE, MARTINE.

CHRYSALE.

Ah ! ma fille, je suis bien aise de vous voir ;
Allons, venez-vous-en faire votre devoir,
Et soumettre vos vœux aux volontés d'un père.
Je veux, je veux apprendre à vivre à votre mère ;
Et, pour la mieux braver, voilà, malgré ses dents,
Martine que j'amène et rétablis céans.

HENRIETTE.

Vos résolutions sont dignes de louange ;
Gardez que cette humeur, mon père, ne vous change ;
Soyez ferme à vouloir ce que vous souhaitez ;
Et ne vous laissez point séduire à vos bontés.
Ne vous relâchez pas, et faites bien en sorte
D'empêcher que sur vous ma mère ne l'emporte.

CHRYSALE.

Comment ! me prenez-vous ici pour un benêt ?

HENRIETTE.

M'en préserve le ciel!

CHRYSALE.

Suis-je un fat, s'il vous plaît?

HENRIETTE.

Je ne dis pas cela.

CHRYSALE.

Me croit-on incapable
Des fermes sentiments d'un homme raisonnable?

HENRIETTE.

Non, mon père.

CHRYSALE.

Est-ce donc qu'à l'âge où je me voi,
Je n'aurois pas l'esprit d'être maître chez moi?

HENRIETTE.

Si fait.

CHRYSALE.

Et que j'aurois cette foiblesse d'ame
De me laisser mener par le nez à ma femme?

HENRIETTE.

Hé! non, mon père.

CHRYSALE.

Ouais! Qu'est-ce donc que ceci?
Je vous trouve plaisante à me parler ainsi.

HENRIETTE.

Si je vous ai choqué, ce n'est pas mon envie.

CHRYSALE.

Ma volonté céans doit être en tout suivie.

HENRIETTE.

Fort bien, mon père.

CHRYSALE.

Aucun, hors moi, dans la maison
N'a droit de commander.

HENRIETTE.

Oui; vous avez raison.

CHRYSALE.

C'est moi qui tiens le rang de chef de la famille.

HENRIETTE.

D'accord.

CHRYSALE.

C'est moi qui dois disposer de ma fille.

HENRIETTE.

Hé! oui.

CHRYSALE.

Le ciel me donne un plein pouvoir sur vous.

HENRIETTE.

Qui vous dit le contraire?

CHRYSALE.

Et, pour prendre un époux,
Je vous ferai bien voir que c'est à votre père
Qu'il vous faut obéir, non pas à votre mère.

HENRIETTE.

Hélas! vous flattez là les plus doux de mes vœux;
Veuillez être obéi, c'est tout ce que je veux.

CHRYSALE.

Nous verrons si ma femme à mes desirs rebelle...

CLITANDRE.

La voici qui conduit le notaire avec elle.

CHRYSALE.

Secondez-moi bien tous.

MARTINE.

Laissez-moi : j'aurai soin
De vous encourager, s'il en est de besoin.

SCÈNE III.

PHILAMINTE, BÉLISE, ARMANDE, TRISSOTIN, UN NOTAIRE, CHRYSALE, CLITANDRE, HENRIETTE, MARTINE.

PHILAMINTE, au notaire.

Vous ne sauriez changer votre style sauvage,
Et nous faire un contrat qui soit en beau langage?

LE NOTAIRE.

Notre style est très-bon; et je serois un sot,
Madame, de vouloir y changer un seul mot.

BÉLISE.

Ah! quelle barbarie au milieu de la France!
Mais au moins, en faveur, monsieur, de la science,
Veuillez, au lieu d'écus, de livres et de francs,
Nous exprimer la dot en mines et talents,
Et dater par les mots d'ides et de calendes.

LE NOTAIRE.

Moi? si j'allois, madame, accorder vos demandes,
Je me ferois siffler de tous mes compagnons.

PHILAMINTE.

De cette barbarie en vain nous nous plaignons.
Allons, monsieur, prenez la table pour écrire.
   (Apercevant Martine.)
Ah! ah! cette impudente ose encor se produire!

Pourquoi donc, s'il vous plaît, la ramener chez moi?

CHRYSALE.

Tantôt avec loisir on vous dira pourquoi :
Nous avons maintenant autre chose à conclure.

LE NOTAIRE.

Procédons au contrat. Où donc est la future?

PHILAMINTE.

Celle que je marie est la cadette.

LE NOTAIRE.

Bon.

CHRYSALE, montrant Henriette.

Oui, la voilà, monsieur : Henriette est son nom.

LE NOTAIRE.

Fort bien. Et le futur?

PHILAMINTE, montrant Trissotin.

L'époux que je lui donne
Est monsieur.

CHRYSALE, montrant Clitandre.

Et celui, moi, qu'en propre personne
Je prétends qu'elle épouse, est monsieur.

LE NOTAIRE.

Deux époux?
C'est trop pour la coutume.

PHILAMINTE, au notaire.

Où vous arrêtez-vous?
Mettez, mettez monsieur Trissotin pour mon gendre.

CHRYSALE.

Pour mon gendre, mettez, mettez monsieur Clitandre.

LE NOTAIRE.

Mettez-vous donc d'accord; et, d'un jugement mûr,

Voyez à convenir entre vous du futur.

PHILAMINTE.,

Suivez, suivez, monsieur, le choix où je m'arrête.

CHRYSALE.

Faites, faites, monsieur, les choses à ma tête.

LE NOTAIRE.

Dites-moi donc à qui j'obéirai des deux.

PHILAMINTE, à Chrysale.

Quoi donc! vous combattez les choses que je veux!

CHRYSALE.

Je ne saurois souffrir qu'on ne cherche ma fille
Que pour l'amour du bien qu'on voit dans ma famille,

PHILAMINTE.

Vraiment à votre bien on songe bien ici!
Et c'est-là, pour un sage, un fort digne souci!

CHRYSALE.

Enfin pour son époux j'ai fait choix de Clitandre.

PHILAMINTE, montrant Trissotin.

Et moi pour son époux voici qui je veux prendre.
Mon choix sera suivi, c'est un point résolu.

CHRYSALE.

Ouais! vous le prenez là d'un ton bien absolu.

MARTINE.

Ce n'est point à la femme à prescrire, et je sommes
Pour céder le dessus en toute chose aux hommes.

CHRYSALE.

C'est bien dit.

MARTINE.

Mon congé cent fois me fût-il hoc,
La poule ne doit point chanter devant le coq.

CHRYSALE.

Sans doute.

MARTINE.

Et nous voyons que d'un homme on se gausse,
Quand sa femme chez lui porte le haut-de-chausse.

CHRYSALE.

Il est vrai.

MARTINE.

Si j'avois un mari, je le dis,
Je voudrois qu'il se fît le maître du logis.
Je ne l'aimerois point s'il faisoit le jocrisse,
Et, si je contestois contre lui par caprice,
Si je parlois trop haut, je trouverois fort bon
Qu'avec quelques soufflets il rabaissât mon ton.

CHRYSALE.

C'est parler comme il faut.

MARTINE.

Monsieur est raisonnable
De vouloir pour sa fille un mari convenable.

CHRYSALE.

Oui.

MARTINE.

Par quelle raison, jeune et bien fait qu'il est,
Lui refuser Clitandre? Et pourquoi, s'il vous plaît,
Lui bailler un savant qui sans cesse épilogue?
Il lui faut un mari, non pas un pédagogue;
Et, ne voulant savoir le grais ni le latin,
Elle n'a pas besoin de monsieur Trissotin.

CHRYSALE.

Fort bien.

PHILAMINTE.
Il faut souffrir qu'elle jase à son aise.

MARTINE.

Les savants ne sont bons que pour prêcher en chaise;
Et pour mon mari, moi, mille fois je l'ai dit,
Je ne voudrois jamais prendre un homme d'esprit.
L'esprit n'est point du tout ce qu'il faut en ménage.
Les livres cadrent mal avec le mariage;
Et je veux, si jamais on engage ma foi,
Un mari qui n'ait pas d'autre livre que moi,
Qui ne sache A ne B, n'en déplaise à madame,
Et ne soit, en un mot, docteur que pour sa femme.

PHILAMINTE, à Chrysale.

Est-ce fait? Et sans trouble ai-je assez écouté
Votre digne interprète?

CHRYSALDE.
Elle a dit vérité.

PHILAMINTE.

Et moi, pour trancher court toute cette dispute,
Il faut qu'absolument mon desir s'exécute.

(Montrant Trissotin.)

Henriette et monsieur seront joints de ce pas:
Je l'ai dit, je le veux; ne me répliquez pas:
Et si votre parole à Clitandre est donnée,
Offrez-lui le parti d'épouser son aînée.

CHRYSALE.

Voilà dans cette affaire un accommodement?

(A Henriette et à Clitandre.)

Voyez; y donnez-vous votre consentement?

HENRIETTE.

Hé! mon père...

CLITANDRE, à Chrysale.

Hé! monsieur...

BÉLISE.

On pourroit bien lui faire
Des propositions qui pourroient mieux lui plaire:
Mais nous établissons une espèce d'amour
Qui doit être épuré comme l'astre du jour;
La substance qui pense y peut être reçue,
Mais nous en bannissons la substance étendue.

SCÈNE IV.

ARISTE, CHRYSALE, PHILAMINTE, BÉLISE, HENRIETTE, ARMANDE, TRISSOTIN, UN NOTAIRE, CLITANDRE, MARTINE.

ARISTE.

J'ai regret de troubler un mystère joyeux
Par le chagrin qu'il faut que j'apporte en ces lieux.
Ces deux lettres me font porteur de deux nouvelles
Dont j'ai senti pour vous les atteintes cruelles.
(A Philaminte.)
L'une, pour vous, me vient de votre procureur.
(A Chrysale.)
L'autre, pour vous, me vient de Lyon.

PHILAMINTE.

Quel malheur
Digne de nous troubler pourroit-on nous écrire?

ARISTE.

Cette lettre en contient un que vous pouvez lire.

PHILAMINTE.

« Madame, j'ai prié monsieur votre frère de vous ren-
» dre cette lettre, qui vous dira ce que je n'ai osé vous
« aller dire. La grande négligence que vous avez pour
« vos affaires, a été cause que le clerc de votre rapporteur
« ne m'a point averti ; et vous avez perdu absolument
« votre procès, que vous deviez gagner. »

CHRYSALE, à Philaminte.

Votre procès perdu !

PHILAMINTE, à Chrysale.

Vous vous troublez beaucoup ;
Mon cœur n'est point du tout ébranlé de ce coup.
Faites, faites paroître une ame moins commune
A braver, comme moi, les traits de la fortune.
 « Le peu de soin que vous avez vous coûte quarante
« mille écus ; et c'est à payer cette somme avec les dépens,
« que vous êtes condamnée par arrêt de la cour. »
Condamnée ! Ah ! ce mot est choquant, et n'est fait
Que pour les criminels.

ARISTE.

Il a tort en effet ;
Et vous vous êtes là justement récriée.
Il devoit avoir mis que vous êtes priée,
Par arrêt de la cour, de payer au plus tôt
Quarante mille écus, et les dépens qu'il faut.

PHILAMINTE.

Voyons l'autre.

CHRYSALE.

« Monsieur, l'amitié qui me lie à monsieur votre frère,
« me fait prendre intérêt à tout ce qui vous touche. Je

ACTE V, SCÈNE VI.

« sais que vous avez mis votre bien entre les mains d'Ar-
« gante et de Damon, et je vous donne avis qu'en même
« jour ils ont fait tous deux banqueroute. »
O ciel! tout à la fois perdre ainsi tout son bien!

PHILAMINTE, à Chrysale.

Ah! quel honteux transport! Fi! tout cela n'est rien.
Il n'est pour le vrai sage aucun revers funeste;
Et, perdant toute chose, à soi-même il se reste.
Achevons notre affaire, et quittez votre ennui.

(Montrant Trissotin.)

Son bien nous peut suffire et pour nous et pour lui.

TRISSOTIN.

Non, madame, cessez de presser cette affaire.
Je vois qu'à cet hymen tout le monde est contraire;
Et mon dessein n'est point de contraindre les gens.

PHILAMINTE.

Cette réflexion vous vient en peu de temps;
Elle suit de bien près, monsieur, notre disgrace.

TRISSOTIN.

De tant de résistance à la fin je me lasse.
J'aime mieux renoncer à tout cet embarras,
Et ne veux point d'un cœur qui ne se donne pas.

PHILAMINTE.

Je vois, je vois de vous, non pas pour votre gloire,
Ce que jusques ici j'ai refusé de croire.

TRISSOTIN.

Vous pouvez voir de moi tout ce que vous voudrez,
Et je regarde peu comment vous le prendrez;
Mais je ne suis point homme à souffrir l'infamie
Des refus offensants qu'il faut qu'ici j'essuie.

Je vaux bien que de moi l'on fasse plus de cas ;
Et je baise les mains à qui ne me veut pas.

SCÈNE V.

ARISTE, CHRYSALE, PHILAMINTE, BÉLISE, ARMANDE, HENRIETTE, CLITANDRE, UN NOTAIRE, MARTINE.

PHILAMINTE.

Qu'il a bien découvert son ame mercenaire !
Et que peu philosophe est ce qu'il vient de faire !

CLITANDRE.

Je ne me vante pas de l'être; mais enfin
Je m'attache, madame, à tout votre destin;
Et j'ose vous offrir, avecque ma personne,
Ce qu'on sait que de bien la fortune me donne.

PHILAMINTE.

Vous me charmez, monsieur, par ce trait généreux,
Et je veux couronner vos desirs amoureux.
Oui, j'accorde Henriette à l'ardeur empressée...

HENRIETTE.

Non, ma mère; je change à présent de pensée.
Souffrez que je résiste à votre volonté.

CLITANDRE.

Quoi ! vous vous opposez à ma félicité !
Et lorsqu'à mon amour je vois chacun se rendre...

HENRIETTE.

Je sais le peu de bien que vous avez, Clitandre ;
Et je vous ai toujours souhaité pour époux,

Lorsqu'en satisfaisant à mes vœux les plus doux,
J'ai vu que mon hymen ajustoit vos affaires :
Mais, lorsque nous avons les destins si contraires,
Je vous chéris assez dans cette extrémité,
Pour ne vous charger point de notre adversité.

CLITANDRE.

Tout destin avec vous me peut être agréable;
Tout destin me seroit sans vous insupportable.

HENRIETTE.

L'amour, dans son transport, parle toujours ainsi.
Des retours importuns évitons le souci.
Rien n'use tant l'ardeur de ce nœud qui nous lie,
Que les fâcheux besoins des choses de la vie;
Et l'on en vient souvent à s'accuser tous deux
De tous les noirs chagrins qui suivent de tels feux.

ARISTE, à Henriette.

N'est-ce que le motif que nous venons d'entendre
Qui vous fait résister à l'hymen de Clitandre ?

HENRIETTE.

Sans cela, vous verriez tout mon cœur y courir;
Et je ne fuis sa main que pour le trop chérir.

ARISTE.

Laissez-vous donc lier par des chaînes si belles.
Je ne vous ai porté que de fausses nouvelles ;
Et c'est un stratagème, un surprenant secours,
Que j'ai voulu tenter pour servir vos amours,
Pour détromper ma sœur, et lui faire connoître
Ce que son philosophe à l'essai pouvoit être.

CHRYSALE.

Le ciel en soit loué !

PHILAMINTE.

J'en ai la joie au cœur
Par le chagrin qu'aura ce lâche déserteur.
Voilà le châtiment de sa basse avarice,
De voir qu'avec éclat cet hymen s'accomplisse.

CHRYSALE, à Clitandre.

Je le savois bien, moi, que vous l'épouseriez.

ARMANDE, à Philaminte.

Ainsi donc à leurs vœux vous me sacrifiez?

PHILAMINTE.

Ce ne sera point vous que je leur sacrifie;
Et vous avez l'appui de la philosophie
Pour voir d'un œil content couronner leur ardeur.

BÉLISE.

Qu'il prenne garde au moins que je suis dans son cœur.
Par un prompt désespoir souvent on se marie,
Qu'on s'en repent après, tout le temps de sa vie.

CHRYSALE, au notaire.

Allons, monsieur, suivez l'ordre que j'ai prescrit,
Et faites le contrat ainsi que je l'ai dit.

FIN DU TOME SEPTIÈME.

TABLE

DES MATIÈRES CONTENUES

DANS CE VOLUME.

Pages

Les Fourberies de Scapin, Comédie en trois actes et en prose. 1

Psyché, Tragi-comédie-ballet en cinq actes et en en vers libres. 95

Les Femmes savantes, Comédie en cinq actes et en vers. 201

FIN DE LA TABLE.

OUVRAGES

FAISANT PARTIE DE LA COLLECTION DES CLASSIQUES FRANÇAIS.

Malherbe (Poésies de) . . . . . . 1 vol. ⎫
Pascal (Lettres provinciales) . . 2 vol. ⎬ publiés.
— (Pensées de) . . . . 2 vol. ⎪
J. B. Rousseau (Poésies de) . . . 2 vol. ⎭

La Rochefoucauld (Max. de) . 1 vol. ⎫ sous presse.
Molière (OEuvres complètes) . 8 vol. ⎭

Voltaire (La Henriade) . . . . 1 vol.
— Poésies diverses . . . . 2 vol.
— Chefs-d'œuvre dramatiques . . . . . . 4 vol.
Montaigne . . . . 8 vol.
Fénélon (Télémaque) . . . . 2 vol.
Massillon (Petit-Carême) . . . . 1 vol.
Racine (OEuvres complètes) . . . . 5 vol.
Labruyère (Caractères de) . . . . 3 vol.
Boileau (OEuvres complètes) . . . . 4 vol.
Bossuet (Discours sur l'Histoire Universelle) 3 vol.
— Oraisons funèbres . . . . 1 vol.
Lafontaine (Fables) . . . . 2 vol.
Corneille (Chefs-d'œuvre) . . . . 5 vol.
Montesquieu (Grandeur et décadence des
    Romains . . . . 1 vol.
Marot (Poésies de) . . . . 1 vol.
Regnier (OEuvres de) . . . . 1 vol.
Vieux poètes (Chefs-d'œuvre des) . . . . 2 vol.

www.ingramcontent.com/pod-product-compliance
Lightning Source LLC
Chambersburg PA
CBHW071517160426
43196CB00010B/1550